高职院校实践教学管理与质量评价研究

周文清　著

湖南大学出版社·长沙

图书在版编目（CIP）数据

高职院校实践教学管理与质量评价研究/周文清著 . —长沙：湖南大学
出版社，2021.8
ISBN 978-7-5667-2299-7

Ⅰ.①高… Ⅱ.①周… Ⅲ.①高等职业教育—教学管理—研究—中国
②高等职业教育—教学质量—评价—研究—中国 Ⅳ.①G718.5

中国版本图书馆 CIP 数据核字（2021）第 168509 号

高职院校实践教学管理与质量评价研究

GAOZHI YUANXIAO SHIJIAN JIAOXUE GUANLI YU ZHILIANG PINGJIA YANJIU

著　　者：周文清
责任编辑：吴海燕
印　　装：广东虎彩云印刷有限公司
开　　本：710 mm×1000 mm　1/16　印　张：14.25 字　数：223 千字
版　　次：2021 年 8 月第 1 版　　印　次：2021 年 8 月第 1 次印刷
书　　号：ISBN 978-7-5667-2299-7
定　　价：42.00 元

出 版 人：李文邦
出版发行：湖南大学出版社
社　　址：湖南·长沙·岳麓山　　邮　　编：410082
电　　话：0731-88822559(营销部),88821315(编辑室),88821006(出版部)
传　　真：0731-88822264(总编室)
网　　址：http://www.hnupress.com
电子邮箱：934868581@qq.com

前　言

　　高等职业教育以培养生产、服务、管理第一线所需要的高素质技能型人才为目标，而实践教学是高职教育人才培养体系中的重要组成部分，其质量的高低与好坏，直接影响高职教育人才培养目标的实现与否。政府在多个政策文件中强调，高职院校要加强（实践）教学及其管理，提高教学质量、提升人才培养质量。如《教育部关于全面提高高等职业教育教学质量的若干意见》（教高〔2006〕16号）提出：高职院校要深刻认识全面提高教学质量是实施科教兴国战略的必然要求，也是高等职业教育自身发展的客观要求。《教育部关于深化职业教育教学改革全面提高人才培养质量的若干意见》（教职成〔2015〕6号）提出：高职院校要加强教学常规管理、完善教学标准体系、提高教学质量管理水平等。《国务院关于加快发展现代职业教育的决定》（国发〔2014〕19号）提出：加大实习实训在教学中的比重、创新顶岗实习形式、建设"双师型"教师等。2019年国务院发布《国家职业教育改革实施方案》（国发〔2019〕4号）提出：完善教育教学相关标准、深化产教融合、强化学生实习实训、建立高水平专业化产教融合实训基地、提高实训基地管理水平等。

　　实践教学作为高职院校重要的教学环节，对培养学生的专业技能、综合职业素质、创新能力等起着极为重要的作用。提高实践教学质量是培养高技能实用型、创新型人才的必然要求。而实践教学质量的提升是一项系统工程，既涉及实践教学体系的建设、实践教学的日常管理、实践教学条件与师资队伍的建设、实践教学标准的建设等，还涉及实践教学质量管理与评价等各方面或各环节。由此，对高职院校来说，不断加强校内外实践教学条件与师资队伍建设、建立实践教学课程标准、改革并创新实践教学的管理理念与模式、完善实践教学管理体制机制、规范实践教学管理流程、建立全面而科学的实践教学管理体系、提升实践教学水平与管理效能，以及树立正确的实践教学质量观、探寻科学的实践教学质量管理与评价的技术方法、构建具有高职实践教学特色的质量管理模式与评价体系，是促进并保障高职院校实践教学质量持续改进与提升的有效手段，也是全面提升高职院校教学质量及人才培养质量的重要途径。

本书以高职院校的实践教学为研究对象，全面阐述了高职院校实践教学的管理规范与要求、高职实践教学及其质量评价的深刻内涵，进一步明确了实践教学在高职院校教学中的重要作用，分析了当前高职院校在实践教学常规管理、资源及条件建设与管理、质量管理及评价等方面存在的问题与不足及其产生的原因，从新的视角探索并提出了改进与优化高职院校实践教学管理及质量评价的对策，对进一步改进和完善高职院校实践教学管理及质量保证体系具有一定的借鉴与促进作用。

本书共 13 章。1~8 章，探索了高职院校实践教学的日常管理及流程与管理制度的建设、实践教学条件及师资队伍建设及要求，分析了当前高职院校在实践教学体系建设、师资队伍与实践教学条件的建设与管理、毕业设计与顶岗实习管理等方面所存在的问题及其归因。从"工学结合"的视角探索了高职实践教学体系的构建，从"二级管理"的视角探索了高职毕业设计的管理模式，结合 2016 年教育部等五部门颁布的《职业学校学生实习管理规定》（教职成〔2016〕3 号）的要求，探索了改进当前高职院校顶岗实习管理的策略以及在高职院校校内生产性实训基地开展顶岗实习的运行机制。针对当前高职院校在实践教学条件与师资队伍建设方面存在的不足，提出了校内实践教学师资提升策略以及校外兼职教师队伍建设的改进对策。针对国家提出加强高职院校教学标准建设的要求，探索了高职院校毕业设计和顶岗实习课程标准的建设。9~13 章，系统阐述了高职院校实践（训）教学质量、质量管理及教学评价，以及增值评价、质量诊断与改进、教育元评价、绩效评价的深刻内涵，分析了当前高职院校在实践教学质量管理及评价方面存在的不足与问题，从增值的视角探索了高职院校实训教学质量管理的模式创新，从增值评价的视角探索了高职院校实践教学质量评价体系的建构与运行及保障策略，从元评价的视角探索了高职院校实践教学质量诊断与改进的实施策略，从国际视角探索了促进高职院校与企业深度融合协同育人的支持政策建设，从项目管理的视角探索了高职院校产教融合的绩效评价。

　　本书是作者多年来从事高职院校实践教学管理以及理论研究的经验总结，也是作者主持的多个科研课题的成果。在本书的撰写过程中，参考并引用了大量的国家及地方教育行政部门的政策文件，以及专家学者们的文献资料，绝大部分文件及文献资料的来源已经列出，如有遗漏，恳请见谅，同时也表示深深的歉意！

　　由于作者水平有限，编著本书过程中难免有错漏之处，敬请专家批评指正，请各位读者多提宝贵意见。

周文清

2021 年 5 月

目　次

第一章 高职院校实践教学概述

实践教学是高职教育的重要组成部分，是实现高素质技术技能人才培养以及确保人才培养质量的重要途径。高职院校实践教学形式多样且各具特色，在高职人才培养过程中所起的作用也各不一样，由此，有必要了解高职院校实践教学的基本含义与本质特征。

本章主要分析了实践教学的深刻内涵，介绍了高职院校实践教学的主要类型及其特点，明晰了理论教学与实践教学之间的关联，并重点介绍了校内生产性实训的含义和特点，以及日常实践教学所需的相关文件材料及其要求。

第一节 高职实践教学的内涵与类型

一、实践教学的内涵

（一）实践教学的含义

关于什么是实践教学，学者们分别从教学形式、方式以及功能、作用等角度给出了具体定义。

"在高职教育中，实践教学主要包括了实验教学、实训教学、实习教学三部分。学生通过做实验而获得本专业的知识，称为实验教学。对学生进行系统而有目的的规范的操作培训，称为实训教学。实习就是在一段集中的时间内，让学生进行岗位专业技能的操作，以达到理论掌握和实践操作相结合的目的。"①

"实践教学指的是学生以获得操作能力为主，在教师的指导和帮助下，为获得基本专业知识和技能，提高综合素质而进行的一系列教学活动。"②

"实践教学指的是学生在老师在旁指导的情况下，根据要求在校内实践现场主动动手实践，充分发挥学生的主观能动性，通过"学""做"相结合的组合模式来获得知识技能，借此提高综合实践能力。"③

基于上述定义，我们认为，实践教学可有广义和狭义之分。其中，狭义的实践教学仅限于教学过程中的实践性环节，如实验、实训和实习等，是一种将"教""学""做"融于一体的教学活动，是指学生在专业教师的指导下自主学习并通过实际操作来训练与提升其技能操作水平，目的是熟练掌握专业技术技能、提升职业素养和能力等。而广义的实践教学则是相对于理论教学而言的，可以说，除了理论教学内容之外的各种教学活动都可称为实践教学，它是一种以培养与提升学生专业技能、职业素养与职业能力为目的的教学形式，它不仅包括狭义的实践教学，还包括学生入校时进行的军事训练、劳动教育以及在校期间参加的各种公益性活动、社团及社会实践活动等。

实践教学是高职院校教学的一个重要环节，通常情况下是一种依据各专业的人才培养目标，结合实际工作需要与岗位需求，制定整体的专业实践教学计划，并紧密结合实际生产需要来确定相关的实验内容、设计实训项目、设置实践性任务等的教学形式，其目的是促进学生在实验验证、任务完成、实际操作等过程中更好地理解与掌握所学理论知识，并熟练地应用于实际问题的解决中，以激发学生更为主动地去学习、去探索、去思考，更好地掌握相关岗位技能，从而达到提升学生专业技术技能和业务能力及水平、提高学生职业素养与职业能力。其形式主要有：实验、实习、实训（含单项实训与综合实训）、课程设计与毕业设计等。

---

① 朱达凯. 高职院校实验、实训、实习教学初探 [J]. 实验室研究与探索, 2008 (09)：160-162.

② 蔡则祥, 刘海燕. 实践教学理论研究的几个角度 [J]. 中国大学教学, 2007 (03)：79-80.

③ 范志娟. 高职院校实践教学质量管理体系的研究——以常州机电职业技术学院为例 [D]. 苏州：苏州大学, 2014.

（二）理论教学与实践教学的关系

实践教学与理论教学之间的关系源于实践与理论的关系。"实践是检验真理的唯一标准"，任何理论都要不断地接受实践的检验，鉴于此，在理论与实践的关系中，理论必须与实践相结合、接受实践的检验，实践是理论的基础。

理论教学与实践教学是高职院校教学中的两种教学形式，两者之间并不是完全孤立的，而是紧密相连的，理论教学是开展实践教学的基础，实践教学的实施是建立在系统的理论教学基础之上的；实践教学能帮助学生具体化理论教学的感性认知与形象思维，同时也是检验理论教学的准确性与完整性的重要手段。简而言之，理论教学与实践教学之间的关系表现为相辅相成、相互融合。

1. 理论教学与实践教学相辅相成

首先，实践教学通过实验、实际操作训练、岗位实习等形式以帮助学生巩固所学的理论知识，同时也可对理论知识的准确性进行验证，有利于学生更好地理解并掌握理论知识。

其次，实践教学是学校教学的重要组成部分，是教师依照实践教学计划与大纲，有目的地指导学生去学习并掌握相关技术技能原理与操作要领，而实践教学内容的选择、教学活动的组织与实施等都是以相关理论知识作为指导的，这样才能确保实践教学活动的可行性和合理性。

2. 理论教学与实践教学相互融合

它们之间实质上是一种"你中有我，我中有你"的关系。首先，在内容上，为便于学生更好地理解并掌握理论知识，教师在理论教学过程中通常会引入现实生活中的真实事件或事例作为辅助教学内容；实践教学也并不只是简单的操作训练，在正式操作仪器设施设备前，教师会先对相关设施设备的运行原理及其理论知识等内容进行阐述与介绍。

其次，在教学形式及教学方法上，在理论教学过程中为便于学生更好地掌握理论知识，通常会根据教学内容而运用诸如案例分析法、角色演练法、情境体验以及反复练习等实践性教学手段；而在实践教学过程中，也需要理论知识来指导实践操作以及解释实践结果等。

二、实践教学的类型

高职教育的实践教学按教学内容来分，可以分为实验、实习和实训三种主要教学形式。

（一）实验

《现代汉语词典（第7版）》对"实验"一词的定义是：为了检验某种科学理论或假设而进行某种操作或从事某种活动。

高职院校的实验教学，主要是针对某门课程的核心原理或理论而开展的验证性实践活动，其目的一方面是检验其真实性与准确性，另一方面是通过实验以促进学生对该核心原理或理论形成更深层次的、更透彻的理解，并掌握其核心要领。

（二）实习

通常情况下，实习是指学生将在学校所学理论知识与专业技能应用到实习工作及岗位中，其目的是帮助学生进一步巩固与掌握专业理论知识、熟悉职业岗位内容与工作流程、提升专业技能与实际工作能力。

2016年教育部等五部门印发了《职业学校学生实习管理规定》（教职成〔2016〕3号），明确将职业学校的实习分成认识实习、跟岗实习和顶岗实习三种形式。

1. 认识实习

认识实习是指学校组织学生到合作企业或实习单位去参观、观摩和体验，以形成对相关企业和职业岗位的初步认识的活动。其目的是开拓学生的视野，使学生对未来企业、职业岗位以及工作环境等形成一个初步的认识，进而督促学生更好地进行理论知识学习。

2. 跟岗实习

跟岗实习依照《职业学校学生实习管理规定》（教职成〔2016〕3号），跟岗实习是指不具备独立操作能力、不能完全适应实习岗位要求的学生，由职业学校组织到实习单位的相应岗位，在校企双方专业人员的指导下部分参与或进行辅助性工作的活动。其目的是让学生初步了解并掌握岗位操作流程、规范与要领，形成基本的岗位操作技能和能力。

3. 顶岗实习

《职业学校学生实习管理规定》（教职成〔2016〕3号）指出，顶岗实习是指已初步具备实践岗位独立工作能力的学生，到与所学专业相应的实习岗位，相对独立地参与实际岗位工作的活动。参与顶岗实习的学生完全和企业在职员工一样，按时上下班、按时完成工作任务，并遵守企业的一切规章制度。高职院校顶岗实习的组织形式既可由学校统一组织并安排学生到校企合作实习单位，也可由学生根据个人的具体情况自主选择实习单位，并向学校提交申请，经学校同意后实施。

（三）实训

实训是训练与提升学生专业职业技能的主要教学手段，是以培养和提升学生专业技术与技能水平、职业素养和综合能力为主的，是在明确教学目标的情况下，让学生依照任务要求与流程自主地练习与操练，而不是针对某专业理论知识或基础原理进行的具体实验与验证。

实训是高职院校依照人才培养目标与要求，对学生进行的专业技术技能与能力训练的教学过程。具体形式有：

（1）从时空上可分为校内实训和校外实训。校内实训主要包括课程实训（设计）、专业技能综合实训以及生产性实训。校外实训主要指跟岗实习、顶岗（毕业）实习。

（2）从程度上可分为单项实训（单项技能的训练）和综合实训（多岗位技能的训练）。

（3）从任务上可分为教学实习和生产性实训。其中，教学实习是指在生产性实训前，根据某门课程的具体教学要求，组织学生在校内实习实训基地进行的以培养学生初步的岗位工作操作技能的实践性教学形式。

第二节　高职院校校内生产性实训

一、校内生产性实训的含义

《2007 年度国家示范性高等职业院校建设推荐院校预审标准（试行）》提出，校内生产性实训是指"由学校提供场地和管理，企业提供设备、技术和师资支持，校企合作联合设计和系统组织实训教学的实践教学模式"。[①]

也有学者认为，高职校内生产性实训是高职院校充分利用自身的优势，独自或与政府、行业及企业联合，在校内建设具有生产功能的实训基地，通过生产产品、研发技术、服务社会等生产性过程，实现经济效益，并在生产过程中培养学生的实践技能，提高学生的综合职业能力的一种实践性教学模式。[②]

上述对高职校内生产性实训的界定，在一定程度上反映了校内生产性实训的特点，但并不能全面而客观地反映其本质特征，因为校内生产性实训的目的是让学生熟悉真实工作环境、了解工作流程与规范、了解职业岗位的职责与要求、学会标准生产的操作技能等。由此，校内生产性实训可界定为：高职院校根据专业特点与需求，以培养和提升学生专业技能与职业岗位能力为目标，在校内生产性实训基地通过引进真实工作或生产任务与项目，校企双方共派指导老师参与技术指导，指导学生按照实际的生产流程和规范、技术标准与要求等完成工作或项目任务并提交合格成品的一种实践教学模式。

---

① 占挺. 高职电子商务专业校内生产性实训基地建设的探索 [J]. 管理观察，2012（19）：115-116.

② 刘家枢，徐涵. 高职校内生产性实训的内涵与实践探索 [J]. 教育与职业，2008（17）：19-21.

二、校内生产性实训的特点

（一）实训任务的真实性

校内生产性实训是在校企合作的基础上实施的，通常是校企合作双方共同商定实训计划与安排，并充分依照企业的运营模式与管理制度来明确实训项目内容、流程、规范与要求等，学生所需完成的实训任务是企业正在进行的真实生产项目，实训所用的设备、资料、数据、原材料等都是企业真实项目生产所用和所需，形成的实训成果也需达到真实生产技术标准要求，其实质是对企业岗位工作任务及其运行的真实还原。

（二）实训内容的综合性

校内生产性实训不同于课程实验或设计，也不同于课程实训，不是单纯地针对某一节课或某门课而进行的技能训练，而是根据某一具体工作岗位所需的知识、技术技能、职业能力等来设计实训内容与任务的，是依照实际工作流程与规范而开展的综合性实践操练，实训内容涵盖完成岗位工作或任务所需的所有知识（不单单是某门专业课的知识）、技术技能以及综合能力，如团队合作能力、沟通能力以及发现问题与解决问题的能力等。

（三）实训环境的职业性

实训环境包括设备条件、实训场景布局两部分。开展校内生产性实训所需设备的技术参数、精准度等都需与实际生产所需相适应与一致，这样才能保证所形成的实训成果或作品达到企业产品生产的标准与要求。生产性实训基地的内部布局需参照实际的生产车间来进行设计以营造一个真实的企业生产氛围，如设置具体的工作岗位，并根据职业岗位或任务制定并张贴《岗位工作流程与规范》《安全生产守则》等，以营造一个真实的企业工作环境，使学生有身临其境的感觉。

第三节　高职院校实践教学相关文件材料

一、实践教学大纲

实践教学大纲是组织实践教学的纲领性文件，是根据专业人才培养目标与方案，针对不同的实践教学环节（如实验、实训、课程设计、毕业设计等）的具体情况进行制定的，其主要内容包括：实践教学大纲说明、实践课程名称、实践教学内容（知识点、内容、基本要求、所需教学条件）、学时分配、进度安排、考核办法、教学参考书或指导书等。

二、实践教学指导书

实践教学指导书是开展实践性教学的指导性文件，也是实践教学有序实施的规范性文件，应根据课程标准、教学目标以及所需的实践教学设施设备等的具体情况进行综合制定。对于独立设置的实践教学课程应选用已公开发行或自行编制的实践指导书，附属于理论课程的实践性教学环节则要编写详细的实训指导书。

实训指导书应围绕着实训任务的具体内容与要求、过程与方法以及完成实训任务所需教学条件等来撰写，主要内容包括：实训基本知识、操作方法与流程、实训目的、原理、所需教学条件、实训步骤和方法、实训考核方式等。

三、实践教学日志

实践教学日志是实践教学实施情况的原始记录，也是实践教学日常管理工作考核的原始依据。主要对当天的实践教学情况进行记录，如实践内容、进度安排、教师指导、问题解决、任务完成以及学生出勤等。

第二章　高职院校实践教学常规管理

实践教学是高职院校实现人才培养目标、提升人才专业技能水平的主要途径。实践教学管理的好坏、优劣，直接关系到实践教学的有序与否及质量高低，高职院校应高度重视实践教学的常规管理，建立健全实践教学管理体制机制，规范实践教学日常管理、积极探索并创新实践教学管理模式，为实践教学活动的有序与有效开展提供保障。

本章主要介绍了高职院校现行的实践教学管理模式，相关管理主体的管理职责划分，实践教学日常管理中的前期教学准备、教学过程管理、教学考核与总结，以及校内实训室和校外实习实训基地的管理等。

第一节　高职院校实践教学管理概述

一、实践教学管理模式

"模式"是人们在生产与生活实践中所积累经验的升华，是解决问题的具体方法。"模式"有助于任务的完成和设计方案的完善，从而得到解决某一问题的最佳办法，且达到事半功倍的效果。

实践教学的任务是加强学生对理论知识的掌握与应用，使学生熟练掌握基本的专业技能，培养并提升综合职业能力和创新能力，提高就业质量。

随着高职院校办学规模的不断扩大，为提升学校管理的效能，各高职院校都在推行内部治理体制的改革，即改革以前的学校一级管理模式为学校、院（系）两级管理模式。在此背景下，高职院校的实践教学在学校主管领导的带领下实行学校与二级院（系）两级管理的模式，学校教务处是实践教学的业务归口（主管处室），实训中心是实践教学的协调及辅助管理部门，二级院（系）是实践教学的具体实施单位。

二、实践教学相关主体的管理职责

（一）学校教务处

教务处负责学院实践教学的宏观管理，制定实践教学管理制度、校内实训室（基地）中长期建设规划，制定学期实践教学工作计划以及各项具体实践教学任务的安排；审核二级院（系）的实践教学以及实训室（基地）建设计划书；组织实践教学检查、指导并监督二级院（系）实训计划的执行与实施、协调处理实践教学中的重要问题，为实践教学的顺利开展提供服务。

（二）二级院（系）

二级院（系）及各专业教研室负责本部门及专业的实践教学组织、安排与具体实施；根据学校实践教学管理制度及相关工作要求，制定实践教学的实施细则；构建各专业实践教学体系，制定实践教学计划和实践教学大纲；负责检查实践教学计划的落实情况并做好过程监管；负责实践教学的考核与评价；制定校内外实践教学设施设备（实训室或基地）建设计划；负责本部门各专业实训室或基地的建设、管理与维护；负责实践教学指导师资及管理人员的队伍建设、管理与考核评价。

（三）实训中心

实训中心主要负责学院公共实践教学场地（公共实训室、基地）的建设、协调、管理与维护工作；负责公共实践教学设备的整体调配、管理与维护；负责校企合作共建的校内外实习基地实践教学工作的组织、管理与协调；负责对公共实践教学场地的实训指导老师与管理人员进行考核与评价；负责全校实训室设施设备的报修与维护以及耗材的配备，为二级院（系）实践教学的正常有序开展提供服务。

第二节　高职院校实践教学日常管理

一、前期教学准备

二级院（系）组织各专业教研室及实训指导老师制定实训教学大纲，确定各环节和各阶段的具体实训任务与内容，并制定详细的任务完成要求、考核标准及细则。

实训指导老师和实训室管理人员应提前清点好实训耗材及相关用品，并对实训室的内部环境、设施设备和有关用品等进行检测，准确掌握设施设备的完好情况与运行状态情况等。

实训指导老师或实践教学老师应提前掌握并熟悉相关实训设施设备的操作技术要领，并在实践教学开始之初，向学生讲明操作流程与规范。

二、教学过程管理

（一）制定学生实训守则，明确学生在实训期间的纪律要求

根据各专业实训室的特点，及时制定学生实习守则并悬挂于实训室内，组织学生学习实训守则。

严格实训室学生纪律管理，明确纪律要求，如：学生必须严格遵守实践教学的规章制度，听从任课教师的安排与指导，按时按量完成实训任务。严格遵守实训室仪器设备的操作规程，服从实训指导老师的安排，爱护实训室的仪器设备。若发生故障或出现异常时，应及时报告实训指导老师或实训室管理员。不得擅自摆弄，未经许可不准动用与实训任务无关的仪器设备及其他物品，不得将仪器设备带出实训室。

（二）建立实践教学过程监督与巡查制度

学校教务处应对各二级院（系）实践教学计划的执行与实施进行指导、

监督，定期或不定期组织校内实践教学检查，随机抽取实践课程进行实地听评课，检查实践教学大纲或教案、实践教学日志等。

二级院（系）负责实践教学计划的执行与落实，建立实践教学巡查制度，适时检查各专业实践教学计划的落实与执行情况，并对教师的实践教学组织以及学生参与实践教学过程的情况进行监管，实践教学结束后组织对实践教学及教师的考核与评价。

三、教学考核与总结

实践教学结束后，实训指导老师应根据实践教学考核标准与细则，根据学生的日常出勤、过程表现、知识运用与技能操作以及实训任务完成等实际情况对学生进行综合性考核，并总结所存在的问题、提出改进建议。

实训指导老师还应在教学结束后，对实训室（基地）的设施设备进行检查与整理，检查设备的完好情况、统计实训室耗材并检查整理实训室环境，如发现有设备运行问题、耗材数量不足等应及时向学院实训中心报备，为下次实践教学的有序开展做好准备。

第三节　高职院校实训室和实习实训基地的管理

一、校内实训室的管理

实训室的管理是一项综合性很强的基础工作，是确保实训室功能发挥和高效运作的重要保证。

（一）实训室管理的具体内容

1. 实训设施设备的管理

主要包括对实训室仪器设备与设施的日常管理、定期检测、维护与报修、报废等，以确保仪器设备的正常运转，保障实训教学的有序开展。

2. 实训室内部环境的管理

主要是指要确保实训室内部环境的洁净、整齐、安全，具体包括实训设施设备的整理、内部卫生的清扫、水电设施的检测等。

3. 实训室教学的管理

即对实训室的教学进行全面而有效的管理，包括对教学的组织形式、学生设施使用与设备操作的情况、实训指导老师和管理员的职责履行情况等，避免对仪器设备设施造成恶意的破坏和损耗，提高校内实训室的运行效果和使用寿命，更好地满足实训教学的需求。

（二）实训室管理的具体要求

1. 公共实训室

公共实训室由学校根据公共实践教学需求实行统一管理，专业实训室由专业所在二级院（系）负责报建与管理以及优先使用，相关专业如需使用，由学院教务处（或实训中心）统筹兼顾与调配。

2. 实训人员配备

所有实训室都要配备专职实训指导老师、实训室管理员，指导老师人数及专业技能水平要能满足实训教学的要求。

3. 专业实训室

专业实训室内部需根据专业岗位群的工作情况进行设计与布置，悬挂相关标语、操作流程图、规章制度等，并保持实训室整体教学环境的整洁。

4. 实训设备管理

二级院（系）需制定并完善专业实训室的各项管理制度，如实训室日常管理制度、实训设备维护与报修制度、实训室设备操作规范与流程、学生实训操作守则等，建立实训室建设台账，并做到账、物相符，定期对实训室的设施设备进行维护、检修、调试，对相关配套设施进行检测，以确保实训室的高效运行，满足实践教学的实际需要。

5. 实训指导老师

二级院（系）需对实训指导老师的教学行为、操作程序进行规范与明确，并定期组织实训指导老师进行实训设施设备的操作演练与比赛，以持续提升实训指导老师的专业技能操作水平。

二、校外实习实训基地的管理

校外实习实训基地是校内实习实训基地的延伸，是高职院校安排学生进行跟岗实习、顶岗实习的主要场所，也是高职学生提前熟悉真实工作岗位任务、适应工作环境、提升专业技能操作水平与能力的重要场所。

学校教务处与相关管理部门以及二级院（系）应加强对校外实习实训基地的管理，充分发挥其在教学与人才培养中的作用。

第一，二级院（系）应积极协助合作企业对共建的校外实习实训基地进行管理，并逐步建立校外实习实训基地运行与管理的长效机制，以充分满足所有专业学生在校期间的生产性实训和顶岗实习的需要。

第二，二级院（系）还应保持与基地单位的经常性联系，及时将专业实习内容以及实习过程中对基地的要求反馈给基地单位，以取得基地单位的支持，不断改进实习条件。积极探索并拓展与基地单位的其他合作，使教学实习与"产""学""研"有机结合。

第三，学校应每年组织对校外实习实训基地进行评估，检验校外实习实训基地的实习效果，以确定是建立新的基地还是保留原有基地。

第四，在双向选择的原则下，校外实习实训基地共建单位应优先选聘高职院校毕业生；经双方协商同意，学校可在校外实习实训基地进行挂牌。

第三章　高职院校实践教学体系建设

　　实践教学体系建设是一项系统工程，它不仅仅需要对教学方法或教学内容进行局部性调整或修补，还需对教学理念、教学内容、课程体系、管理制度等进行整体性改革。

　　本章主要介绍了实践教学体系的含义及其构建原则，并以传媒类高职院校的实践教学体系建设为例，从实践教学的地位、实践教学内容的选择、实践教学师资队伍建设等方面，对当前高职院校实践教学体系建设方面存在的问题与不足进行分析，从工学结合的视角探索了高职院校实践教学体系建设的创新，介绍了工学结合实践教学体系的内涵及工学结合实践教学体系构建的理论依据，探索了工学结合实践教学体系构建的具体内容。①

第一节　高职院校实践教学体系建设的内涵

一、实践教学体系的含义

　　实践教学是高职院校教学的重要组成部分，是一项规范性和技术性要求都较高的教学活动。实践教学有广义和狭义之分，同样，实践教学体系也有广义和狭义之分。

---

　　① 周文清. 基于工学结合的传媒类高职实践教学体系的构建［J］. 湖南大众传媒职业技术学院学报，2014（3）：57-59.

　　广义的实践教学体系是由实践教学活动的各要素构成的有机联系的整体，包括实践教学活动的目标、内容、管理和质量保障等，更具体来说，包括实践教学活动的教学目标体系、教学内容体系、教学方法体系、教学管理体系和教学考核与评价体系等要素。[①]

　　狭义的实践教学体系则是指实践教学内容体系，即围绕专业人才培养目标，在制订人才培养方案时，通过了解企业对人才的职业能力要求，进行合理的课程设置和合理的实践教学环节配置，建立与理论教学体系相辅相成的实践教学内容体系。[②]

　　总的来说，实践教学体系是以专业人才培养计划与目标为依据，以教学目标、内容、方法以及考核评价为基本框架，融课程建设、教学条件与资源、项目开发、师资队伍建设以及教学保障于一体的教学体系。

二、实践教学体系的建构原则

（一）能力本位的原则

　　能力本位教育理念是一种现代教育理念，是指以职业工作岗位所需的知识、技能来设置课程与选择教学内容，是以培养学生专业技能与职业能力为根本目的的教育思想。

　　高职实践教学作为高职院校教学的重要组成部分，是以培养和提升学生职业能力为教学目标的。职业能力是指从业者在具体职业活动中所表现出来的实际能力，由专业技术能力和职业综合能力构成。专业技术能力是指某人在职场上担任某职务并从事某工作时所表现出来的具体能力，它与一个人所从事的职业有关，是各专门行业人员必须具有的专门行业领域所需的能力。职业综合能力即关键能力，包括方法能力、社会能力两部分。其中方法能力是指个体的自主学习、获取新知识新技术等能力；社会能力是指社会交往、

---

　　① 刘胜祥，黄华. 高等职业教育的实践教学体系分析 [J]. 武汉工程职业技术学院学报，2007（2）：68.

　　② 郭洪月. 我国高等职业教育实践教学环节的研究 [D]. 天津：天津大学，2007.

组织与管理、团结与协作等能力。

（二）工学结合的原则

《教育部关于全面提高高等职业教育教学质量的若干意见》中指出："要积极推行与生产劳动和社会实践相结合的学习模式，把工学结合作为高等职业教育人才培养模式改革的重要切入点。"

所谓工学结合是指学校通过与对应企业建立合作办学的关系，将学校的学习过程与企业的工作过程进行有机结合，即学校可根据专业教学计划与进度安排，安排学生在学校学习的同时进入合作企业进行专业实践与训练，其主要目的是促进学生更好地理解并掌握专业理论知识、提升学生的专业实践技能。

工学结合是通过充分利用学校和企业两种不同的教育环境和资源，使学生于职业岗位中学习、于学习环境中工作，学校的教学与学习内容即为企业的岗位工作内容，是一种将知识学习与工作体验、技能训练和能力培养有效结合的教育模式。

工学结合是实现学生职业能力与企业需求、学习内容与职业岗位要求"零距离"对接的有效途径，不仅能提升学生专业技术技能，还能培养学生职业综合能力。

第二节　传媒类高职院校实践教学体系建设的现状

一、传媒人才及其培养概述

我国传媒业经过30多年的发展已取得较大成就，但在当前媒体融合的背景下，传媒业呈现出市场规模逐步扩大、市场化特征日趋突出、新媒体（如网络媒体、移动媒体）不断兴起的发展趋势，并随之带来产业升级。现代传媒业总体格局的变化，在数量上对传媒人才提出刚性需求，在素质上则提出了新的内涵需求。要求传媒人才在掌握必要的新闻采编等基础业务的基础上，能迅速掌握先进传播技术应用手段和应用业务，使传播的技术、艺术和管理进行融合，具备互相依托的综合竞争优势，即要求传媒人才既具有较高的理论素养，又掌握实际操作技能；既懂传媒规律，又有创新意识和能力；既掌握多种媒介技能，又同时能承担文字、图片、音频、视频等编辑和报道任务。

传媒类高职院校是培养广播电视和新媒体专门人才的地方，是培养适应传媒业编导、制作、表演等第一线需要的高等技术应用型专门人才的地方。随着传媒业的不断发展以及传媒融合时代的到来，社会对传媒人才的需求逐渐趋于复合化和全面化，即除具备较高理论素养，能同时承担采编任务，能对图片、音频、视频等进行加工处理外，还要能熟练运用新兴的传媒技术、传播技术。这就要求高职院校在实践教学过程中不仅要培养学生的传媒专业技能、传媒行业基本设备使用操作能力，同时也要让学生积累一定的传媒行业经验，形成一定的综合职业素养。

二、传媒类高职院校实践教学体系建设存在的问题

目前，传媒类高职院校在实践教学改革方面已进行了一些探索，如加大资金投入，购置先进的专业实训设施设备，增（改、扩）建校内实训室，加大实践教学学时比例，增设实训课程（或项目）等。但与广播电视机构、传媒公司等传媒行业企业之间的合作还只停留在表面，缺乏深层次的合作内容，且形式单一。

总的来说，高职院校实践教学的实际成效仍不理想，无法实现预期的教学目标，所培养的人才也很难达到传媒行业企业的用人标准。①

（一）对实践教学内涵的认识存有偏颇

在实践教学过程中，很多高职院校的教学和管理人员认为实践教学就是一种简单的技能培训，对其内涵的认识较模糊，没有认识到它在人才培养目标实现及质量提升等方面具有的不可或缺的作用，多数人认为实践教学只是

① 周文清. 基于工学结合的传媒类高职实践教学体系的构建 [J]. 湖南大众传媒职业技术学院学报，2014（3）：57-59.

为理论教学服务，实践教学只是依附于理论教学而存在的。导致对实践教学重要性的认识不到位，忽视或轻视实践教学体系的建设与完善，从而使实践教学的整体发展受阻，收效甚微。

（二）实践教学内容较松散，能力目标不突出

大多数高职院校的实践教学通常是穿插在理论教学中进行的，导致实践教学中认知性、验证性内容较多，而结合真实岗位任务的内容较少甚至缺失，即便有，也由于实践课程（或项目）之间缺乏必要的衔接而导致教学内容松散与脱节，不成体系。另外，在实施实践教学过程中只注重单项专业技能训练和设备的操作训练，忽略对学生进行传媒综合技能和创新能力的训练。

（三）校外实践基地利用率不高，校企合作不深入

虽说高职院校通过与相关媒体行业（如地方电视台、媒介策划公司等）建立了校企合作关系，设立了校外实训实习基地，但由于两者之间的合作仅限于"建"，缺乏共同培养人才的理念和责任，校企合作仍只停留在表面浅层次，并没有实质性的合作内容和项目，行业、企业的主体作用基本没有发挥，学生进入校外实习实训基地体验的机会很少，大部分实践教学只能借助于本校仅有的教学资源、设备与场地，实践教学的实际效果欠佳。

第三节 高职院校实践教学体系建设的创新——工学结合

实践教学是高职院校实现由规模发展向内涵建设的关键环节，是高职院校办学特色的体现，是高职院校教学质量的根本保证，也是全面提升高等职业教育人才培养质量的有效途径，更是进一步提升高职院校服务经济发展能力的重要体现。《教育部关于以就业为导向深化高等职业教育改革的若干意见》指出，高职教育应坚持培养面向生产、建设、管理、服务第一线需要的"下得去、留得住、用得上"，实践能力强、具有良好职业道德的高技能人才。而要实现这一目标，必须重视和加强实践教学的工学结合，以强化真实岗位的技能培养。

构建基于工学结合的实践教学体系是传媒类高职院校实现与传媒行业无缝对接的有效途径，也是实施工学结合人才培养模式的关键所在①。

一、工学结合实践教学体系的内涵

（一）工学结合的含义

工学结合是以培养和提升学生综合职业能力为具体目标，把学校的学习和企业的实际工作紧密结合的人才培养模式②。工学结合是我国高职院校在推行"产学合作、校企融合"的实践教学中，以校企合作为载体，以培养学生的综合职业能力为目标，将校内学习与企业工作实际紧密结合的一种人才培养模式，是目前高职院校积极探索和推行的一种人才培养模式，简单地说，工学结合是将学生校内的理论学习与校外的工作实践结合。

在高职院校中，工学结合的目的是使学生尽早体验"学生"和"企业员工"的双重身份，将学生的学习过程与工作过程进行有机结合，学习的同时交叉进行企业实践，这样不仅能够巩固学校所学的理论知识，也能在真实的企业环境中积累经验、磨炼自己，其核心是注重教学过程中的实验、实训和实习环节，注重学生的实践技能培养与提升。

（二）工学结合的实践教学体系

实践教学体系构建的关键在于结合新时期传媒业发展对人才在知识、技能以及素养等方面要求的变化，在校企深度合作的基础上，使高职实践教学改革与市场和传媒业发展方向同步，使学生尽早了解并掌握新兴的传媒技术、信息技术、传播技术、软件技术和网络技术的应用，同时促进学生职业能力和职业素养的养成和提高，以实现高职院校的人才培养与传媒市场需求的无缝对接。

基于工学结合的传媒类专业实践教学体系是指在现代传媒教育思想和工

---

① 周文清. 基于工学结合的传媒类高职实践教学体系构建［J］. 湖南大众传媒职业技术学院学报，2014（3）：57-59.

② 徐涵. 工学结合概念内涵及其历史发展［J］. 职业技术教育，2008（7）：5-8.

学结合理念的指导下，以培养现代传媒人才为目标，构建以传媒技术技能培养、传媒职业素养养成和综合职业能力提升为目的，相对稳定的、系统化和理论化的教学体系①。

二、工学结合实践教学体系建构的理论依据

（一）建构主义的学习理论

瑞士著名心理学家皮亚杰于 20 世纪 80 年代提出建构主义的思想。按照建构主义的观点，知识是个人针对具体的问题情境，运用自己原有的经验而主动建构起来的对客观现实的再造。而学生的学习过程是其在特定的教学情境下，学生根据其原有的知识经验对新知识进行主动建构的过程。

按照建构主义的学习理论，高职实践教学是高职教育不可或缺的教学环节，它通过模拟真实的企业工作或生产环境作为教学情境，使学生在这种情境中更好地理解并掌握所学知识，同时真实情境中的学习以及学习过程中的人际协作活动还有利于学生对所学知识及内容所反映的事物的性质、规律以及事物间的内在关联性实现更为深刻的理解，进而帮助学生实现对所学内容的意义建构。

（二）"从做中学"教学理论

美国著名的哲学家、教育学家杜威，在 19 世纪末 20 世纪初提出了著名的"从做中学"教学理论，他认为，真正的教育都是从经验中产生的，"从做中学"即是"从经验中学"。

根据杜威的"从做中学"理论，高职院校在实践教学中应注重为学生营造真实工作岗位的学习情境，不仅有助于提升学生的专业技能，还有利于培养和发展学生的职业综合能力、增强团队意识与协作能力、增强职业意识和培养职业精神，进而提升学生的岗位适应能力和就业能力。

---

① 周文清. 基于工学结合的传媒类高职实践教学体系构建 [J]. 湖南大众传媒职业技术学院学报，2014（3）：57-59.

（三）"行动导向"的教学理论

20 世纪 30 年代，美国兴起了"行动研究"，在此基础上形成了"行动导向"的教育教学理念。"行动导向"的教学理念强调学生是学习过程的主体，教师是教学的组织者、咨询者、指导者，教师与学生在"行动（职业工作）"中积极互动，学生在教师的指导下完成一个完整的行动（职业工作）过程[①]。

"行动导向"的实质就是要求学生通过实践来进行学习，是一种基于工作任务或某种职业活动的教学理念。

依据"行动导向"的教学理论，高职院校的实践教学应是一种将学习过程与行动过程统一的教学形式，通过精心设计实践任务或项目，使学生在实践任务的完成过程中，提升专业技术技能，培养发展职业行动能力。

三、工学结合实践教学体系的建构

传媒专业工学结合实践教学体系的构建是以传媒行业的发展为背景，以传媒职业岗位工作任务和职能要求与实践教学的契合度为构建基础，以传媒机构的业内人员与高职院校校内专家和教师共同组成的教学团队为依托，以校企深度合作为保障，对实践教学的各个环节、要素进行科学而合理的设计、管理，以满足高职院校和行业企业的共同诉求。

具体来说，实践教学体系的构建主要包括实践教学目标、实践教学内容、实践教学保障和实践教学考评几个方面。

（一）实践教学目标

实践教学目标是制定教学计划、明确教学内容、开展教学活动、实施教学管理和评价的指南。工学结合的实践教学目标是通过学校的学习与企业真实岗位的实践训练，在提高学生对未来职业岗位适应性的同时，培养及提升学生除专业技术技能外的职业综合能力，如基本的发现与解决问题的能力、

---

① 刘松林，谢利民. 行动导向理论的教学论解读［J］. 河北师范大学学报（教育科学版），2009（9）：83-88.

与人沟通协作的能力、应变与创新能力等。传媒类专业实践教学目标的构建应围绕传媒专业技能和职业能力的养成与提升来开展，并融入实践教学过程的各个具体的环节，如课程实训、课程设计、综合实训、生产性实训和顶岗实习等。

（二）实践教学内容

实践教学内容是对实践教学目标的具体化，教学内容的选择、体系构建是否科学与合理将直接影响到教学目标的实现与否，也影响实践教学最终质量的高低，以及学生专业技能水平与职业能力的提升程度。

高职实践教学内容体系的构建应根据职业岗位能力要求，在行业企业专家、技术骨干的指导下，制定覆盖本专业主要技能、职业能力与素养要求的模块化的实践教学大纲、实践教学指导书，明确各教学模块的教学目标、教学方法以及教学环节与内容设计，分模块制定专业技能训练与考核标准；根据专业技能、职业能力的形成与发展规律，科学划分实践教学单元（阶段），制定不同单元的实践教学计划，形成教学大纲与单元教学计划结合的实践教学体系，以适应不同层次、不同阶段的就业技能的需求，提高实践教学的针对性和实效性。

基于工学结合的实践教学内容是以传媒行业某一项目的顺利完成为最基本的目标，以培养传媒岗位职业能力为基础，汇集传媒行业专家和高职院校专业人士，通过对传媒业各岗位或岗位群的职业能力进行解析，明确所需的知识、技能、态度、素养和能力并共同制定以提高学生应用、实践和创新能力为目的的课程体系。实践教学内容遵循个体认知发展规律以及技能和能力生成规律，以典型工作任务或项目的形式，融工作与学习于一体，而且是分层次的、渐进的。[①]

（三）实践教学保障

实践教学条件是实施实践教学的基本保障，是实现实践教学目标的前提条件，也是确保实践教学质量的基础条件，具体包括师资队伍、校内外实训

---

① 周文清. 基于工学结合的传媒类高职实践教学体系构建［J］. 湖南大众传媒职业技术学院学报，2014（3）：57-59.

室（基地）和管理机制等方面。

1. 构建一支"专兼"结合的"双师型"实践教学师资队伍

实施工学结合的实践教学，要有一批既具备本专业相关基础理论知识，又了解传媒行业的操作流程和企业文化且掌握传媒行业相关设施设备的操作技术的教师。而要构建这样一支在结构和专业技能、素养等方面能满足实践教学需要的师资队伍，高职院校要依托区域传媒产业或机构，采用"前台后院、校企互兼"的师资队伍培养模式，建立校企"互派、互培"的运行和保障机制，采用高职校内教师定期赴传媒机构进行培训和挂职、传媒行业从业人员进校园参与教学指导的"双轨"并存的方式，以构建一支"专兼"结合的、稳定的、高素养的"双师型"实践教学师资队伍。

2. 加强校内外实习实训基地建设

实习实训基地是进行综合技术实训和上岗实践性操作的重要场所，拥有在数量上和规模上能满足实践教学需要的校内外实习实训基地是确保实践教学有序开展的基础条件。校内实训室满足的是基本技能培训、模拟实训和生产性实训的要求；校外实训基地则是高职院校与传媒机构共享实训资源，满足的是综合培养（培训）的需要以及高职院校实施工学结合人才培养模式的要求。

3. 建立健全的实践教学管理制度

管理制度是规范实践教学和确保实践教学质量的前提和基础，在工学结合人才培养模式下，建立起校企共同参与实践教学的管理机构，完善实践教学管理制度，建立健全的信息反馈与处理机制，对实践教学活动实施全方位、全要素、全过程的管理，及时反馈并处理实践教学过程中出现的问题，以不断完善和调控实践教学。[①]

（四）实践教学考评

教学考核与评价是规范实践教学管理，提高实践教学质量的重要手段，主要包括考评主体、考评内容和考评方式共三个方面。

---

① 周文清. 基于工学结合的传媒类高职实践教学体系构建 [J]. 湖南大众传媒职业技术学院学报，2014（3）：57-59.

（1）考评主体，是指对实践教学目标、组织、过程以及效果进行考核和评价的个体或团体，既包括高职院校教学管理部门的专职人员、教学督导团，还包括专业实践教学管理人员、实践教学指导教师、学生等，以及传媒业资深从业人员或技术人员。

（2）考评内容，是考核评价体系的实质性内涵，包含影响和反映实践教学质量的各个环节，即实践教学设施设备的技术指标和含量的先进性与前瞻性、实践教学基地与行业企业实践的仿真程度，教师专业技能和职业能力等满足工学结合实践教学的程度，实践教学内容的选择以及项目设计与行业的融合度，实践教学活动的组织与管理，实践教学效果等。

（3）考评方式，是在遵循工作岗位技能与职业素养的要求和学生成长规律的基础上，结合行业企业实践考核，运用科学而系统的方式和方法，对教师的教学水平、学生的学业成绩与能力进行准确、客观而全面的评判。它既有量化评价，又有质化评价；既有形成性评价，也有总结性评价等。

总之，传媒类高职院校应充分认识到实践教学的重要性，加强实践教学体系的建设，并将工学结合的理念很好地融入实践教学体系的构建中，提高实践教学质量，以更好地培养应用创新型传媒人才。①

---

① 周文清. 基于工学结合的传媒类高职实践教学体系构建［J］. 湖南大众传媒职业技术学院学报，2014（3）：57-59.

第四章　高职院校实践教学条件建设与管理

　　实践教学条件是指高职院校进行实践（训）教学的主要也是重要场所，它是高职人才培养过程及其目标实现不可缺少的教学载体，也是反映高职办学特色和管理水平的重要方面。《教育部关于全面提高高等职业教育教学质量的若干意见》（教高［2006］16号）指出，加强实训、实习基地建设是高等职业院校改善办学条件、彰显办学特色、提高教学质量的重点，高职院校要不断改善实训、实习基地的条件。

　　高职院校实践教学条件包括校内和校外两部分，其中校内实践教学条件主要是指校内公共实训室和专业实训室，校外实践教学条件主要是指校外实习实训基地，是高职学生进行岗位（或毕业顶岗）实习的场所。

　　本章主要介绍了校内实训室的内涵、建设原则、具体内容，以及校内实训室建设的评估；介绍了校外实习实训基地的含义、建设要求与步骤；并分析了当前高职院校在校内实训室建设与管理方面存在的问题与不足，探索了改进校内实训室建设与管理的对策。

第一节 高职院校校内实训室建设

一、校内实训室的内涵

近年来，各级政府对职业教育的实践教学越来越重视，明确提出高职院校应进一步加强实践教学条件建设，如《湖南省卓越高等职业技术学院建设基本要求（试行）》提出职业院校要"适应专业发展和技术进步需求，建成安全环保、与专业体系相配套的实习实训条件。每个专业都要有与实践教学体系相配套的实习实训室，布局科学，功能分区合理，设备数量足够，技术水平达到企业生产现场先进水平。重点建设的特色专业群建成集技术研发、产品开发、产业孵化、实习实训等功能于一体的生产性实训基地"，对高职院校实践教学条件提出了明确要求，也为高职院校校内实训室的建设提供了指导性方向。

校内实训室是高职院校开展实践教学、技能培训、技术研发以及社会服务等的重要场所，是实现学院高技能人才培养目标的重要条件，也是培养和提升学生专业素养、专业技能与职业实践能力的重要教学实体，是高职院校办学的基本条件，是确保人才培养质量的物质基础，更是高职教育凸显办学特色的基础建设。其建设必须得到高职院校领导的高度重视。

校内实训室可分为专业实训室和综合性实训室，综合性实训室主要由生产性实训基地、专业工作室组成。其中，校内生产性实训基地是指职业院校利用各种资源在校内建设的具有生产功能的实训基地，通过产品研发、制造与销售等生产经营过程，使基地产生社会效益和经济效益，在实际生产中还能培养学生的实践技能、提高学生的综合职业能力[1]，它既可以由学校自建，也可以通过引企入校，校企共建共享。

---

[1] 汪先锋. 校内生产性实训基地的运作模式研究—以高职商务外语专业群为例［J］. 新疆职业教育研究，2011（4）：55-58.

二、校内实训室建设的基本原则

校内实训室是高职院校开展实训教学、实施专业技能操作与训练的重要场所，也是培养与提高学生专业操作技能、提升学生综合能力和职业素养不可或缺的物质条件。校内实训室的整体建设应根据学校的建设发展规划与专业建设规划，围绕实训教学需要、围绕学生专业技能训练和综合职业能力的培育与提升等进行布局与建设。实训室的内部环境建设，应立足专业岗位（群）的特点，贴近企业的实际生产与工艺，仿照企业的真实工作和生产环境以营造真实的职业情境，增强其工作及岗位的体验感。校内实训室的仪器设施设备的配置既要能体现先进技术水平，又要适用，即性价比要高、可靠性要强，能满足实训教学的需要。

校内实训室要能让学生感受到真实的职业环境、体验真实的企业文化，从而培养他们良好的职业态度和素质。具体包括：

1. **统一规划，确保重点，兼顾一般**

高职院校应集中有限资金，优先保障重点专业（群）实训室的经费投入，努力打造一批能同时培养学生职业能力和职业素质的校内实训室。

2. **分类建设，资源共享**

高职院校校内实训室建设应符合专业（群）建设与发展要求，根据专业门类以及对应的岗位群进行归类合并，优化配置、优化组合，共享共用，避免重复建设和资源浪费。

3. **实用先进，结构合理**

高职院校在新建实训室或新增实训设备时，应做到实用性和先进性相结合，即实训室既要有数量较多的常规设备，又要有一定数量的先进设备，尽可能与行业和技术发展水平保持同步乃至适度超前。其中先进设备应是产业行业已经开始使用，且能够代表本行业技术应用发展趋势，三至五年内仍具备其技术及原理的先进性。

4. **优先服务教学，兼顾服务社会**

高职院校校内实训室在完成教学实训任务的基础上，应主动开展职业技能培训与职业资格证书考核鉴定工作，应成为职业资格证书的指定培训点或考点，为行业企业提供多方位的服务，使校内实训室还应成为高职院校对外交流的窗口和对外服务的基地。

三、校内实训室建设的内容

校内实训室的建设内容主要包括硬件建设和软件建设两个方面。

（一）硬件建设

实训室的硬件建设主要是指实训室所配备的仪器、设施设备，在数量、种类与规格上能充分满足实训教学的需求，在技术水平、功能等方面能体现先进的技术水平，功能完备，同时性价比高、可靠性强，能满足专业技术技能训练的要求。

（二）软件建设

实训室的软件建设主要是指实训室内部环境建设和队伍建设。内部环境建设，应贴近企业真实的生产工艺、生产技术与生产流程，为学生营造一种真实的工作环境，给学生一种身临其境的感觉。队伍建设是指实训指导老师和实训室管理队伍的建设，高职院校应培养一支专业技术过硬的，既熟悉专业职业岗位工作流程，还能熟练操作专业技术设备的实训指导老师队伍，同时还要建立一支稳定的，有专业背景的，管理能力和水平较高的管理队伍，以提升实训室的使用效率。[①]

四、校内实训室建设的评估

高职院校应对所建实训室进行年度评估，全面掌握实训室的整体运营情况、发现实训室建设与管理方面存在的问题与不足，以进一步完善实训室的建设与管理机制，提高实训室使用效率。具体包括：

---

① 周文清. 高职院校校内实训室的建设与管理探析 [J]. 工业技术与职业教育, 2018 （1）: 90-92.

（一）体制与管理

表 4-1　体制与管理评估

序号	评估内容	评估标准	评估要求
1-1	实训室的建立	实训室的建立经过学校的正式批准或论证报告。实训室有规范详尽的建设方案。	有学校的相关批准文件、实训室建设任务书；有实训室介绍，突出特色和亮点（500字以内）。
1-2	管理机构	实训室有主管领导与主要负责人。实训室的管理严格执行学校制定的有关实训室建设与管理的制度与条例。	有专门的实训室管理部门及人员；制定了具体的管理细则，并有相关过程监管记录。
1-3	建设规划	制定了专业实训室中长期建设规划、实训室工作计划。	查阅专业实训室 3~5 年的整体建设计划。实训室工作计划分年度进行表述，包括整体设备、低值耗材等的购置计划。
1-4	管理及手段	运用信息化管理手段对实训室基本信息和仪器设备信息等数据分实训室进行入库管理。	建立实训室建设台账；有专人负责实训室及设施设备的档案管理。

（二）实训教学

表 4-2　实训教学评估

序号	评估内容	评估标准	评估要求
2-1	教学任务	有教学大纲或教学计划，实训指导书、实践教学日志、课表等；实训室承担的教学任务饱满，每学期有课时统计。	查阅相关教学文件与记录；对应教学大纲、学期实训计划（整理3学年）和课表统计实训室教学任务量。
2-2	实训教材	有正式出版的实训教材或自编校本实训指导书。	查阅实训教材或自编校本实训指导书。
2-3	实训项目	每个实训项目的设计既要有一定的专业性，又要有一定的综合性。项目设计书除要有实训项目名称、面向专业、所涉课程内容，以及所需主要实训设备的名称、型号规格、数量和材料消耗等外，还有项目实施流程与分组要求。	查阅实训项目设计书、实训室课表安排以及实训设备使用情况记录。

续表

序号	评估内容	评估标准	评估要求
2-4	实训考核	有考核办法、考核标准，并具体实施。	查阅考核办法，检查要素是否齐全、考核标准与等级划分是否合理；抽查学生实训成果（报告）的考核记录。
2-5	实训报告	有原始实训数据记录，实训报告书写规范、要素齐全，且有教师的评分和签字。	抽查学生实训报告。实训报告一定要附实训任务书，封面信息填写要完整，报告撰写规范。
2-6	实训研究	有与实训室建设与管理，或与实训教学相关的教学科学研究及成果。	查阅课题立项文件、论文等；或有参与企业合作项目的证明文件，最好有实物展示和原始材料。
2-7	实训分组	某些实训任务不能1人（或2人）完成的，以满足实训要求的最高人数（4人）为准，确保学生满额的实际操作训练任务。	查阅专业实训课程课表、分组情况以及任务分配。

（三）仪器设备

表4-3 仪器设备评估

序号	评估内容	评估标准	评估要求
3-1	仪器设备管理	仪器设备的固定资产账、物相符率达到100%。	查阅实训室仪器设备台账。
3-2	仪器设备的维护	定期检测仪器设备，仪器设备的维修上报及时。	查阅定期检测记录、维修记录本和维修报告。
3-3	仪器设备的完好率	现有仪器设备完好率不低于95%。	查阅专业实训室设备及使用情况登记（包含设备完好率）。
3-4	精密、大型仪器设备的管理	单价5万元以上的仪器设备要有专人管理和技术档案。	查阅精密、大型仪器设备入账与使用记录。

（四）实训队伍

表4-4 实训队伍评估

序号	评估内容	评估标准	评估要求
4-1	实训人员	实训室实训指导老师和专职实训管理员的具体人数由教学部门申报，学校定编。	查阅实训指导老师与管理人员基本情况登记表。

续表

序号	评估内容	评估标准	评估要求
4-2	人员结构	专职实训指导老师中,中级技术职务以上人员要占60%以上。	查阅专业实训指导教师基本情况表。
4-3	岗位职责	实训指导老师和管理员各有岗位职责且分工明确,按岗履职。	查阅实训指导老师与管理人员岗位职责;检查实训教学日志。
4-4	人员的考核	实训室有对专职实训指导老师和实践性教学管理员的具体考核办法,并落实到位。	查阅实训指导老师、管理员考核表及相关支撑材料。
4-5	人员的培训	有实训指导老师、管理员具体培训计划及安排,并有专人负责。	查阅实训老师培训计划和工作总结以及培训图片、视频等。

(五)环境安全

表4-5 环境安全评估

序号	评估内容	评估标准	评估要求
5-1	实训用房	实训室无危漏隐患,门、窗等完整无缺,实训桌椅、设备架无破损,符合规范。	实地检查,实训设备设施的摆放与保管、环境及卫生情况。
5-2	设施及环境	实训室的通风、照明等设施完好,实训室内部整洁、干净。	
5-3	实训室标识	外部贴有实训室名称、实训室课表,且醒目。内部贴有实训室功能与项目介绍、实训操作规范、实训流程等介绍。	检查实训室室内的挂牌情况:实训课程,实训操作规范、实训流程,室外要有实训室名称且规范、醒目。
5-4	安全措施	实训室张贴有防火、防盗的注意事项并配备基本设备。实训室及走廊通畅。	
5-5	整洁卫生	实训室无杂物乱堆乱放。实训室内部仪器设备摆放整齐;桌面、仪器无灰尘;地面无尘土,无积水,无纸屑,无烟头等。室内布局合理,墙面、门窗、天花板、管道、线路、开关板上无积尘及蜘蛛网等。	实地检查,实训设备设施的摆放与保管、环境及卫生情况。

（六）管理规章制度

表4-6　管理规章制度评估

序号	评估内容	评估标准	评估要求
6-1	物资管理制度	实训室有仪器设备的管理制度；仪器设备损坏、丢失赔偿制度；实训设备维护与维修制度；有大型、精密或贵重仪器设备管理办法（或执行学校的办法）。	查阅相关制度文件。
6-2	安全检查制度	实训室悬挂有操作安全制度；有实训室安全检查制度以及实训室安全紧急事故和突发事故处理预案。	
6-3	学生实训守则	实训室悬挂有学生守则。	检查实训守则及其挂牌情况。
6-4	工作档案管理制度	实训室建立工作档案管理制度并实施（实训室登记表、实训教学日志、安全检查记录、仪器设备维修记录）。	查阅每学年或学期整理的日常工作记录。
6-5	人员管理制度	有各类人员岗位职责制度、培训与考核等制度，或执行学校的制度。	查阅相关制度及其执行的支撑材料。
6-6	基本信息的收集整理制度	实训室的建设情况（时间、设备、工位数等），对实训教学安排及人员情况等基本信息有收集、整理、汇总上报制度。	查阅相关制度与工作记录。

第二节　高职院校校外实习实训基地建设

一、校外实习实训基地的含义

校外实习实训基地是指学校和有关企事业单位共同建立的，为学生提供各类实习和技能操作训练的场所，也是培养学生职业素养的重要场所。通常情况下，高职院校根据各专业的特点以及实习实训教学的需要，选择与专业相近或对口的、基础较好的企事业单位，就安排学生实习实训等事宜达成合作协议。

二、校外实习实训基地建设要求

高职院校要通过面向企业提供"订单式"培养、合作办学、技能培训与技术服务等途径，进一步拓展校外实习实训基地建设，扩大与企业的合作层面，提高校企间合作的深度与广度，使学校与企业能够和市场需求更紧密地结合。

（1）校外实习实训基地的建设要坚持由学校统一规划、分专业大类建设、校企双方互惠互利、双向互动的原则。

（2）学校教务处应制定校外实习实训基地建设与管理制度，制定校外实习实训基地中长期建设规划，明确校外实习实训基地建设的基本原则与要求，参与二级院（系）校外实习实训基地的过程建设并提出指导性意见，组织校外实习实训基地的评估检查。

（3）二级院（系）应根据专业（群）的特点以及实践教学的实际需要，有目的、有计划、有步骤地选择能满足实习实训教学要求的企事业单位，建设和发展必要的校外实习实训基地。

（4）校外实习实训基地应满足以下条件：基地建设互惠互利、义务分担；能满足相关专业学生跟岗与顶岗实习的需要；能满足实习学生在食宿、学习、劳动保护和卫生等方面的条件；能开展有效的教学合作等。

三、校外实习实训基地建设步骤

（1）学校教务处根据各专业实践教学计划，联合二级院（系）进行实地调查与走访，了解能够提供实习实训条件的企事业单位，确定拟联系的目标单位。

（2）二级院（系）与目标企业沟通、协商，在双方形成共识的基础上，达成建立基地意向。

（3）在符合建立校外实习实训基地条件的基础上，由二级院（系）与合作企业签订建立校外实习实训基地协议书，协议书一般包括双方合作目的、基地建设目标与受益范围、双方权利和义务、有效年限等。

（4）建立校外实习实训基地的基础档案，并在一轮实习实训任务结束后，详细记录基地接纳实习实训学生数、具体实习实训岗位的设置，以及实习实训学生与校内指导老师对基地的满意度。

第三节　高职院校校内实训室建设与管理的现状

近年来，高职院校在校内实训室建设方面加大了资金投入，使校内实训室在数量上有了很大的增加，但由于在实训室的整体建设规划与管理方面存在不足，导致实训室运行效率较低，不能很好地满足专业实训教学和人才培养的需求。

一、系统性不够

目前各高职院校所建的校内实训室主要是从单一课程教学需要的角度出发，以开展基础性训练和单项技能操作训练的实训室为主，而不是从综合性技能训练以及职业实践能力培养的角度来建设，导致涵盖职业岗位工作全流程的综合性、生产性以及多功能的实训室较少或缺失，所建实训室服务面窄，难以实现"一室多用"的要求。

另外，由于各专业发展存在一定的差异，学校的投入力度和重视程度也不一样，导致各专业间在实训室数量和工位数配置上存在一定的不合理性，再加上学校管理职能部门对全校的实训室建设缺乏全局观念，或出于情面，或出于平衡，使得各教学单位各自为政，进而造成一定程度上的重复建设，以及跨专业、跨学科共享受阻，这不仅造成实训教学资源的浪费，还造成教学经费的重复投入。

二、专业特色文化缺失

专业特色文化是一个专业区别于其他专业的重要标志，实训室的专业特色文化主要是通过内部"软环境"的建设而实现的，而大部分高职院校并不重视各专业实训室的"软环境"建设。除教学及学习软件的区别外，专业实训室在环境设施配备、设计与布置等方面都与基础性的公共实训室没有什么差别。在实训室建设过程中，没有将专业特点与行业职业岗位进行有效的融合，没有将专业的职业情境引入实训室，所建实训室缺乏各专业的特性、行业及职业的仿真性，专业特色文化不明显或缺失。①

三、内涵建设被忽视

大多数高职院校重视实训室的硬件建设，对设备往往追求当前社会上最新的、最先进的、最高端精密的，而事实上，大部分高职院校教师是从学校到学校，由于缺乏行业企业工作经历，专业技术技能水平较低，很难掌控实训室所配套的专业设备，有的对实训室专业设备的运作原理不了解，也不熟悉设备的操作，再加上学校对实训教学师资的培养与建设不够重视，提供赴企业学习以及培训的机会并不多，有的甚至没有，进而造成部分设备采购回来后处于闲置状态。

另外，实训教学资源建设不够，教学软件短缺，实训室项目化教学程度不高，实训项目设计与开发没有引起各专业的高度重视，这些都很难使实训室成为课堂教学的另一场所。

---

① 周文清. 高职院校校内实训室的建设与管理探析［J］. 工业技术与职业教育，2018（1）：90-92.

四、管理松散

一方面，目前，大部分高职院校实训室管理采取的是"谁建、谁管理"的分散管理模式，即公共实训室由教务处或实训中心管理，专业实训室则由各院系自行管理，这种管理模式使学校的整体实训资源比较分散，建立跨院或跨专业共享的、实训室存在一定的难度，有的甚至存在"专属化"的现象。另一方面，由于实训教学管理制度不完善或已有制度的执行不当，在实训教学组织、实训室运行、设备操作与维护以及报废等方面缺乏具体的规章制度、实施办法或操作流程，导致设备维修、报废不及时，教学软件升级不及时，实训室内部比较脏、乱等，大大缩短了实训设备的使用寿命、降低了其实际使用效率，再加上管理不到位，部分教师把实训室当多媒体教室使用，造成实训资源的浪费。

五、队伍配置不合理

由于受传统观念影响以及对实践教学重要性的忽视，实训室管理人员被理解为主要负责实训室环境整理、清洁、打扫以及开关门等相关工作的人员，导致学校不够重视对实训室管理员队伍的建设。由此，大部分高职院校普遍存在实训室管理人员配备不齐的现象，有的院（系）10 多间实训室却只配备了 1~2 名管理人员，如管理员休假（休病假或休产假），又不能及时补充管理员，那么实训室就处于无人管理的状态。

另外，高职院校还存在实训室管理员专业化程度不高、专业不对口的现象，有的只能负责实训室的开关门、清洁或简单的设备保管，对设施设备的基础性故障或常见的小问题都不能排除或处理，也不懂设备的维护和保养。①

---

① 周文清. 高职院校校内实训室的建设与管理探析［J］. 工业技术与职业教育，2018（1）：90-92.

第四节　高职院校校内实训室建设与管理的改进对策

实训室建设与管理是一项系统化的工程，同时也是高职院校一项重要的教学管理工作，是高职院校实践教学和人才培养的基础保障。针对当前高职院校在实训室建设与管理方面存在的不足，笔者提出以下相关改进措施。①

一、统筹规划与布局

对于高职院校来说，校内实训室的建设应作为一个整体，应根据学校发展和各专业（群）建设的目标与定位，以专业人才培养方案和实践教学体系为依据，对各专业现有实训室数量及其设备的运行情况等进行全面摸底，坚持"分建共享"的原则，制定全校校内实训室建设规划，以 3 年为期，并进一步明确各二级教学院（系）各阶段专业实训室的建设计划，对校内实训室的类型、数量以及容量进行整体布局，尽可能整合一切实训资源，使各专业在实训室场地、设备和实训师资等方面实现资源最大化的共享。

二、专业论证

学校应高度重视对各二级教学院（系）实训室建设方案的专业性论证，应组建一支由行业企业技术专家、兄弟院校专业教师、本校专业教师以及相关职能部门负责人等组成专业团队，结合专业（群）建设与人才培养目标，从实训教学、职业需求、技术技能培养、社会服务等方面对实训室的定位、建设目标、软硬件设备技术指标参数以及实训室内部环境建设标准等进行明确；对各专业实训室建设方案的可行性、合理性等进行质询与论证，以确保

---

① 周文清. 高职院校校内实训室的建设与管理探析［J］. 工业技术与职业教育，2018（1）：90-92.

实训室建设更加科学，申购的设备更加合理、实用和先进。

三、分类建设

实训教学的目的是全面提高学生专业技能、实践能力、职业素养和综合能力等，而技能、能力和素养的养成与提升是一个渐进的过程。由此，高职院校在布局实训室的同时，应根据技能和素养的养成与提升之间的逻辑关系而分类设立实训室。既有培养学生基本的实践岗位技能的观摩实训室；又有提升学生专业技术、技能的实践操作实训室，还有为全面提升学生职业技能与综合职业能力的实训室。这样既适应了专业实践教学体系构建的要求，又体现了技术技能和能力培养与提升的渐进性和层级性。因此，高职院校应更新建设理念，逐步完善实训室的类型格局，以发挥实训资源的最大效能，更好地满足实训教学的需求。①

四、前瞻与实用兼顾

通常，高职院校对实训室的设备标准、技术水平、内部结构、实际功能等方面的设置往往倾向于以社会上的公司（企业）、专业机构或实验室为标杆，选择型号最新款、配置最高、价位最高、功能最全面的设备，这种"追高端、赶时尚"的现象在高职实训室建设中较常见。虽然，高职教育培养的是满足现代企业需求的应用型人才，在设备投资方面不仅要满足当前教学的需求，还应以市场需求为导向，即培养目标具有较强的前瞻性和预见性，但这种前瞻性并不是"赶时髦"，是指设备技术水平的先进性，既能反映行业当前的成熟技术，又能反映行业技术发展的趋势，即"不落后，也不过于超前"；既避免设备在短期内被淘汰，又确保能代表先进技术等。另外，应更注重实训室的实用性，高职院校在制定和论证实训室建设方案时，应从教学

① 周文清. 高职院校校内实训室的建设与管理探析［J］. 工业技术与职业教育，2018（1）：90-92.

实际需求出发，以满足人才技能训练和能力培养为核心，以充分体现实训室建设的效益为目标，在确保设备前瞻性的同时还需兼顾其实用性，避免不必要的资金投入和实训资源浪费。

五、"统分"结合与精细化管理

科学有效的管理是提升实训室运行效能、延长实训室使用寿命的保证，更是提高实训资源共享度和开放度的重要保障。要实现这一目标，高职院校在实训室管理方面须打破专业、技术以及行政管理归属的界限，一切都从实训教学任务（或项目）出发，采取"统分"结合的管理模式。公共实训资源由实训中心集中管理，专业实训资源委托各二级院（系）分块管理或采取集中与分块结合的管理模式，即专业实训资源的专业设备、器具等由实训中心集中管理与调配，专业实训室则由各二级院（系）管理，其中属分块管理的专业实训室须优先保障其他教学系的实践教学使用，由实训中心负责监督管理，必要时可由实训中心统一调配各专业实训室的教学安排，以避免专业实训资源的"专属化"和不合理的使用。

另外，还需对实训室的人员、设备、技术、固定资产、安全、卫生等各个方面实行全方位的精细化管理，建立并完善实训室管理规章制度和规定，如实训室管理制度、实训资源共享实施细则、管理人员制度、教师与学生实训守则、设备管理与维修制度以及实训室安全与卫生制度等，制定工作流程和操作步骤、实训室考核体系，提升各项规章制度和规定的执行力，使实训室各项管理工作规范化、标准化，以减少实际工作的失误，杜绝部分管理漏洞，提高实训室运行效率。①

① 周文清. 高职院校校内实训室的建设与管理探析 [J]. 工业技术与职业教育，2018（1）：90-92.

六、管理队伍专业化

专业化的实训管理队伍主要包括教学、技术指导、管理和一般工作人员等，是确保实训室有效运行和实现实训设备利用价值最大化的有力保障，部分高职院校的实训室管理人员身兼数职，除负责实训室的开关门、卫生打扫、设备管理与整理以及简单的日常维护外，还要协助专业教师指导学生实训、准备实训教学材料等。由于平时出去学习或进修的机会很少，有的甚至是没有，他们与外界基本上没有经验与技术交流，其专业技术与业务水平很难提高，这大大影响了实训室的运行效率。因此，高职院校应充分认识到提升实训室管理队伍专业化程度的重要性，以专业（群）或不同技术技能类型实训室为依托，组建专兼组合的、校企共享的、专业化的实训室管理团队，并定期或不定期对他们进行专业技能的培训或外派学习研修，以不断提高其专业技能和管理水平；同时，高职院校还应激发管理人员自主提升专业水平的积极性，完善激励机制，并为他们的专业提升与职务晋升创造条件和提供机会。

实训室建设与管理是一项专业性较强的系统化工作，在当前大力推进实训室建设与管理的背景下，高职院校应及时更新建设与管理理念，将实训室建设管理工作与学校发展和专业建设方向紧密结合，统筹规划，合理布局，科学管理，加强内涵建设，以提高有限资金的最大价值化、提升实训资源的运行效能，为高职院校后续发展和人才培养提供有力的保障。①

---

① 周文清. 高职院校校内实训室的建设与管理探析［J］. 工业技术与职业教育，2018（1）：90-92.

第五章 高职院校实践教学师资队伍建设与管理

高职院校是以培养高素质的技术技能人才为其质量目标的，而学生专业技能、实践能力以及职业素养的提升离不开实践教学。实践教学教师是高职院校实践教学的具体实施者，高质量的实践教学离不开高素质的实践教学教师，建立一支数量充足、专业技术水平高、实践教学能力强的实践教学师资队伍是各高职院校的一项重要建设任务。

本章主要介绍了实践教学教师的含义、校内实训指导老师的资质要求，以及校外兼职教师在高职院校教学中的角色定位及其重要性，分析了当前高职院校在校内实践教学师资与校外兼职教师队伍建设方面存在的问题，探索了高职校内实践教学教师队伍建设的提升策略、校外兼职教师队伍建设的改进策略。

第一节 高职院校实践教学师资队伍的内涵

一、实践教学教师的含义

实践教学作为高职院校教学体系中与理论教学相对应而又与之相辅相成的教学方式，以培养学生综合职业能力为主要目标，主要通过有计划地组织学生通过观察、实操、实习等教学环节巩固和加深与专业相关的理论知识和专业技能，掌握本专业领域实际工作的基本能力和技能，培养解决实际问题的能力和创新能力①，而实践教学的水平及质量在很大程度上取决于任课教师的实践教学能力与水平。

2002年教育部颁发的《教育部办公厅关于加强高等职业（高专）院校师资队伍建设的意见》（教高厅〔2002〕5号）认为：

（1）实践教学教师是高职高专院校教师队伍不可或缺的部分，是培养技能型、技术型、应用型人才的关键，是高职高专办学质量的根本保证。

（2）实践教学教师是高职高专院校开展产学合作的重要力量，产学合作是培养实用型人才的基本途径。

（3）实践教学教师是高职高专院校实践课程开发、实践教学教材建设的主力军。实践教学教师是学生技术技能掌握与提升的有力保证，更是高职院校实现高素质技术技能型人才目标的重要保证。

二、校内实训指导老师的资质要求

任何一所高职院校都不能没有实践教学，更不能没有实训指导老师。实训指导老师的个人专业素质将直接影响高职教育中实践教学的质量和成效。实训指导老师是指既具备扎实的专业理论知识，又具备过硬的专业操作技能与较强的实际动手能力，还能运用正确的教学方法与手段进行教学、指导学生实习实训的复合型人才，是高职院校中从事包括课程实训（设计）、综合实训、毕业设计以及顶岗实习等方面教学工作的专职教师，既是高职教育中学生实践技术技能的教导者，也是学生实习实训的管理者。

实训指导老师所应具备的个人专业素质主要包括专业学科知识素质、专业实践技能素质以及职业素养三个方面。

1. 专业学科知识素质

专业学科知识素质是指对本学科专业理论知识的掌握及熟练程度和运用

---

① 教育部高教司. 高职高专院校人才培养工作水平评估资料汇编〔M〕. 北京：人民邮电出版社，2003.

能力的素质。实训指导老师主要从事的实际技能操作与实习实训指导的教学，既与实际生产操作有着紧密联系，又不同于实际生产操作，而是一种实践教学活动，即实训指导老师既要自己熟练操作专业设施设备，还要能教和会教。由此，实训指导老师应具备多元的专业学科知识素质：

（1）所学专业知识，即具备精深的专业理论知识，也就是专业本体性知识。

（2）教育学科知识，即教育学、心理学、教育管理学等条件性知识，并能熟练自如地运用这些知识来指导自己的教学实践以及提升自身的教学水平。

（3）相关学科知识，即掌握与自己专业相关或相近学科的知识，如具备自然科学、社会科学方面的知识，以及与现代信息化教学技术等有关的知识。

2. 专业实践技能素质

专业实践技能素质是指教师在教学过程中运用专业理论知识与自身积累的实践经验指导并完成实训教学任务所必须具备的基本技能和能力，具体包括：

（1）熟练的实训教学基本技能，即要有较丰富的实际操作经验、娴熟的专业技能，以及将高深的理论知识通过操作表现出来的动手能力、分析与解决实训问题或难题的能力。

（2）较高的实践教学能力，即实训指导老师既能指导实际操作，还能运用有效的教学方法和手段将理论知识用准确而严谨的语言表述出来。

（3）良好的教育管理能力，即具有周密而细致的组织、领导与管理能力，能有效把控教学进度、引领学生充分参与实践教学活动。

3. 职业素养

职业素养是指实训指导老师应热爱职业教育事业、热忱于实训指导工作岗位，具有较强事业心和责任感，能够吃苦耐劳，严谨踏实、为人师表。

三、校外兼职（外聘）教师队伍的内涵

（一）兼职（外聘）教师的地位

兼职（外聘）教师作为高职院校发展的产物，其从内涵上讲，指的是在

高职院校承担了一部分教学任务但不属于高职院校中正式在编的教学人员，与高职院校的关系也只是一种短期的聘用关系。[①]

教师角色是指教师在教育系统中所表现出来的符合社会期望的身份。兼职（外聘）教师是为实现高职教育的培养目标，满足高职教育教学的需求，由各高职院校从社会行业企业、兄弟院校和科研院所等聘请的，具有丰富实践经验和较高职业技能、较好的理论水平、专业基础和讲授能力，能从事理论教学与实践教学的，并已签订劳动合同的编外教师。兼职（外聘）教师是高职院校快速发展的必然要求[②]，是高职院校提高实践教学质量的重要力量，也是高职院校实现多样化师资结构的重要途径，是高职院校师资队伍中不可缺少的一部分，这是其在高职院校的应然角色。

（二）兼职（外聘）教师的重要性

为适应社会经济的快速发展、产业的转型升级、技术的更新换代，高职院校适时调整了专业设置、优化了专业课程体系，同时也引进了先进的机器设备，更新了工艺流程。而由于高职院校自身师资队伍建设在数量上的局限性、时间上的滞后性，难以满足新课程的教学需求与新技术技能的传授需求。由此，高职院校应根据专业与技术发展的特点，从校外其他领域、行业企业、科研机构等聘请相关专业人员、技术骨干来校承担部分教学任务，以满足专业技能人才培养的需求。

对于兼职（外聘）教师在高职院校发展中的重要性和必要性，国家政府部门的相关文件中都有所表述，如《教育部办公厅关于加强高等职业（高专）院校师资队伍建设的意见》（教高厅［2002］5号）中指出：聘任兼职教师是改善学校师资结构，加强实践教学环节的有效途径，各高职高专院校要结合实际，加强兼职教师队伍建设工作[③]。教育部《高职高专院校人才培

---

① 徐维琳，曾宗福. 谈高职院校教师队伍建设［J］. 化工职业技术教育，2006（2）：69-71，73.

② 唐艳乾，黄莉，陈春梅. 高职院校外聘教师管理的可持续发展研究［J］. 高教论坛，2014（1）：86-89.

③ 《关于加强高等职业（高专）院校师资队伍建设的意见》［EB/OL］，教育部网站. http：//old. moe. gov. cn/.

养工作水平评估方案（试行）》中规定高职院校要"从行业、企业聘请技术能手"，逐渐提高其承担实践技能课程的比例，并明确提出校外兼职教师是高职院校师资队伍中的重要组成部分。《教育部关于全面提高高等职业教育教学质量的若干意见》（教高〔2006〕16号）中，针对高职教育的教学质量问题提出了明确要求：加大教师队伍中兼职教师的比重和数量，聘请企业与行业的专业人员来校任教，提高实践教学的质量，并建立由实践技能的兼职教师担任技能课程的教学体系。

第二节　高职院校实践教学师资队伍建设现状

一、校内实践教学教师队伍建设存在的问题

（一）师资数量严重不足

当前高职院校的实践教学教师在数量上存在严重不足，大多数高职院校都未能建立一支数量充足的专业化的实践教学师资队伍，实践教学任务通常是由专业理论课教师兼任。而绝大多数高职院校教师是从普通大学毕业后直接进入高职院校任教的，实际工作经验缺乏，同时专业设施设备的实际操作能力和动手能力不强，且大部分高职院校对新入职教师的培训只侧重于教学理念与教学方法，往往忽视了实践操作技能的培训与学习。对于专业实训室的设施设备，部分老师自己也不会操作，因此更别说教学生了。他们在实践教学过程中只能"照本宣科"，要么是照搬实训教材，要么借助相关实训教学视频，对于学生不理解的或操作过程中遇到的问题，都无法很好地解释或解决，这样大大影响了实践教学质量的提高。

（二）行业教师教学经验缺乏、队伍不稳定

目前，大多数高职院校尝试从行业企业引入工作经验丰富且技术过硬的技术骨干和一线技术员，让其并担任实践教学的兼职教师，指导学生的顶岗实习和毕业设计，承担专业实践性课程（理实一体课程、实训课程）的教

学。但在实际操作过程中也存在一定的难度，一方面，因为他们在企业有着自己需完成的本职工作和任务，难以抽出大量时间和精力来高职院校授课；另一方面，虽说他们的实践经验丰富、专业操作技能扎实过硬，但缺乏高职教育教学理念、教育学知识以及教学技能与方法的系统学习与训练。虽然他们自己对专业知识与技术很精通，设施设备操作熟练、精准，但他们却不知采取何种有效的方式方法去呈现、去传授给学生。另外，学生顶岗实习虽说都实行了"双导师"制，但高职院校每年都会对学生的实习单位进行更新或更换，再加上学生可自主选择实习单位，导致企业兼任教师队伍很不稳定，既不利于高职院校的教学管理，也不利于高职院校整体师资队伍的建设。

（三）"双师型"教师质量堪忧

在高职院校的师资结构中，大多数教师缺乏"双师"素质，即专业教师很少有与专业相关的工作岗位的实践经验。虽然在近年来的相关文件中强调了高职院校应加强"双师型"教师队伍的培养，如要求高职院校定期派教师赴企业实践等，并且各高职院校在撰写年度质量报告时，都会谈到本校的"双师型"教师的数量与比例问题，但实际意义上的"双师型"教师仍很少，且"双师"的质量也很让人堪忧。造成这种状况主要归咎于两方面的原因：

"双师型"教师培养与认证机制的缺失。对于"双师型"的深刻内涵，各院校所持观点不一，如有的认为"双证"即"双师"，有的则认为只要有两个月以上的企业实践经历即可界定为"双师"，且大多数高职院在职称评定中专设了"是否双师型"教师评分项。鉴于此，多数教师出于"职称评定"的目的，一般会通过短期培训以获得相关职业资格（技能等级）证书，从而晋升为"双师型"教师，但其专业技术技能及行业能力与真正意义上的"双师型"教师存在很大的差距，最多只能称为"双证型"教师。

当前我国校企合作流于表面形式，企业参与高职院校教育教学活动的广度与深度均不够。部分学校采取由教师自主参加企业实践或进修的方式以实现"双师"教师的培养，但由于校企双方尚未建立教师企业研修与实践绩效考核评价体系，教师培训过程无督查、学习结果无评价，使培训学习的成效得不到保障，"双师"质量也就无法保证。

二、校外兼职（外聘）教师队伍建设存在的问题

（一）角度定位存在一定的片面性

目前大部分高职院校都从行业企业、校外相关专业领域或科研机构等聘请了一定数量的兼职教师，但兼职教师的重要性和必要性并没有得到也没有引起高职院校的高度重视。外聘兼职教师对高职院校来说是可有可无的，因为大部分高职院校聘请兼职教师的出发点和落脚点并不是优化师资结构或提升实践教学质量，而是解决部分课程没人上的问题、落实教学计划和确保正常教学秩序。通常情况下，兼职（外聘）教师只被看作是学校的代课教师，当校内老师能满足课程教学需求时，则不再从校外聘请兼职教师，这不符合兼职（外聘）教师的应然角色，忽视了兼职（外聘）教师在高职院校人才培养、专业建设、教学质量提升以及学校的可持续发展中的重要作用。①

（二）队伍建设具有一定的临时性

各高职院校都会由于专业人才培养方案的调整而出现一部分新课程，而校内已有的专职教师又难以胜任新课程的教学要求，因此在每个学期的开学伊始，高职院校为了确保教学计划的正常运行，会招聘一部分行业企业、兄弟院校等领域的相关人员来兼课以弥补校内教师的不足，每个学期也会由于部分兼职教师流失而新聘一批兼职教师。另外，有时因时间紧迫，有些高职院校对兼职教师的专业能力、学历层次、知识结构等都没有具体而严格的要求。可以说，当前高职院校聘请兼职教师只是一种无计划、临时性的行为，并没有根据专业建设或发展的需求，有计划地储备一批高素质、高水平的兼职（外聘）教师，更别说使之成为学校的一支固定的师资队伍。队伍建设的临时性，使外聘教师更换频繁，这不仅使教学效果得不到保障，也不利于高职院校的长期发展。

---

① 周文清. 从角色定位谈高职院校外聘教师队伍建设与管理 [J]. 湖南大众传媒职业技术学院学报，2016（4）：94-96.

（三）队伍管理具有一定的排他性

目前，大部分高职院校除了在每月末按外聘教师实际产生的课时数计发一定课酬外，便不再多地关注外聘教师。一方面，部分高职院校并没有建立专门的兼职（外聘）教师管理部门，兼职（外聘）教师一般由各专业教研室负责聘请与兼管。学校并没有形成兼职（外聘）教师考核与奖惩机制，对有违纪行为的兼职（外聘）教师只是以扣发当天课时费作为处罚，而对表现好的也没有奖励；另一方面，对兼职（外聘）教师的教学质量缺乏监管机制，如兼职（外聘）教师的教学用具是否齐全、教学准备是否充分、教学设计是否合理、讲授内容是否存在知识性错误等。这也导致兼职（外聘）教师的教学效果不尽如人意。管理上的排他使兼职（外聘）教师没有归属感，也不利于兼职（外聘）教师队伍的稳定和教学水平的提升。

高职院校在兼职（外聘）教师队伍建设与管理上存在的问题与不足，使兼职（外聘）教师的身份与地位、价值与作用得不到学校及同行的认可，存在感和成就感缺失，使其参与高职院校实践教学的积极性不高、责任心也不强，最终导致教学实效无法保障。[①]

第三节　高职院校实践教学师资队伍建设的改进

一、校内实践教学教师队伍建设的提升策略

高职院校在制定学校整体的师资队伍建设中长期发展规划时，应将实践教学教师（或实训指导老师）队伍建设作为一个专项，以专业（群）为单位，根据师资整体结构现状制定实践教学师资队伍建设计划、理论课教师实践教学能力提升计划等，开拓多样化的实践教学师资来源与培养渠道，使实践教学师资在数量和质量上得到全面提高，以有效满足实践教学的需求。

---

① 周文清. 从角色定位谈高职院校外聘教师队伍建设与管理 [J]. 湖南大众传媒职业技术学院学报，2016（4）：94-96.

1. 全面提升专业教师的"双师"素质和实践能力，以满足基础性实践教学需求

2016年10月，教育部、财政部联合印发《关于实施职业院校教师素质提高计划（2017—2020）的意见》（教师［2016］10号）提出，组织职业院校不同层次和基础水平的"双师型"教师，采取集中面授和网络研修相结合的方式，开设专业教学法、课程开发与应用、技术技能实训、教学实践与演练等专题模块，重点提升教师的理实一体教学能力、专业实践能力、信息技术应用能力等"双师"素质。专业教师要既能承担专业理论课程教学，又能掌握基本实践操作技能，还能胜任基础性实践性教学。由此，高职院校应根据学校师资的实际情况，分别制定在岗教师专业技能提升计划、新入职教师实践教学能力提高计划，明确具体的研修时间、方式以及各阶段教学技能与实践能力的学习内容等，聘请职业教育专家及行业企业管理人员、技术骨干进行面授与指导，提高教师自身职业素养与专业实践技能，并制定有针对性的教师研修绩效评价体系，对参与研修教师的理论知识与专业技能的掌握情况进行考核与评价，以确保研修的质量与效果。

2. 深化校企合作，自建一支高水平的、专业化的实训指导师资队伍

高职院校根据自身专业特点，加强与相关行业企业合作的深度和广度，并与合作企业就实践教学师资队伍的技能训练与能力提升达成共同培养的协议。双方共同制定教师企业实践培训计划，明确实践形式，如可采取考察观摩、技能操作训练、跟岗实习、顶岗实习等实践形式，同时也可实现学生在企业兼职、参与企业新产品及新技术研发等多样化实践形式，明确重点培训内容，如产业结构转型升级及其发展趋势、行业前沿技术研发与进度、关键技能应用等，以及企业的生产经营管理理念、岗位（工种）任务设置与职责、工艺流程、操作规范、用人标准与需求、应用技术需求等内容。校企合作能使教师及时了解相应专业领域生产技术、工艺设备的最新发展趋势以及最新的专业理论知识、先进技术与工艺等，能全面提升教师的专业素养与实践技术技能。

二、校外兼职（外聘）教师队伍建设的改进策略

兼职（外聘）教师不仅具有丰富的实践工作经验、熟练的操作技能，同时也熟悉本行业的新技术、新工艺发展及动态，能为行业企业带来有关新技术、新工艺的信息，使高职院校的实践教学紧跟行业发展步伐，使所培养的人才能满足社会经济发展的需求。高职院校应充分认识到兼职（外聘）教师队伍的重要性，进一步加强兼职（外聘）教师队伍的建设。

1. 把握政策，准确定位兼职（外聘）教师的角色

高职教育的快速发展需要外聘教师，然而，在高职教育发展的不同阶段，兼职（外聘）教师所扮演的角色也不同。在高职教育发展之初，兼职（外聘）教师只是解决高职院校师资的不足的问题，随着高职教育的发展以及社会经济发展对人才需求的变化，国家政府部门相继出台了一系列关于加强高职院校兼职（外聘）教师队伍建设的政策文件，强调了兼职（外聘）教师在促进高职教育发展、提升人才培养质量、实现工学结合和校企合作方面的重要作用，并将兼职（外聘）教师在高职院校师资队伍中所占的比例作为一项考核指标纳入院校的教学评估工作中，这表明兼职（外聘）教师从发展之初的师资补充向多样化角色转变。兼职（外聘）教师的身份与角色的多样化转变，表明其既是高职院校师资结构优化的需要，特别是"双师型"教师队伍建设的重要组成部分，也是高职院校实现产学研结合、提升教学质量的不可或缺的师资力量。因此，高职院校应准确把握国家政策文件的时代精神以及高职院校自身发展的现实需求，充分认识到兼职（外聘）教师的重要性和必要性，正确定位兼职（外聘）教师的角色，将兼职（外聘）教师队伍建设作为学校的一项常规工作来抓[①]。

2. 规范聘任制度，制定兼职（外聘）教师选聘标准与程序

教育部在《高职高专院校人才培养工作水平评估方案（试行）》中明确

---

① 周文清. 从角色定位谈高职院校外聘教师队伍建设与管理［J］. 湖南大众传媒职业技术学院学报，2016（4）：94-96.

指出：兼职教师是指高职院校为补充师资力量或提高办学层次和效益，按照一定程序标准，从校外聘任能够承担高职院校某一门专业课教学或实践教学任务、有较强的实践能力或较高教学水平的校外专家。基于此，高职院校一方面要根据兼职（外聘）教师的不同来源分别设定聘任条件，如对来自行业企业的专业人士，就要强调其工作经验与经历、专业技术能力；而对来自高校的，就要强调其教学经历、专业知识水平和职称等。另外，还要根据所授课程的性质与类型，制定不同的聘任标准。同时，高职院校还须改进和完善聘任程序，即在每个学期末，学校人事处协同教务处根据各专业开课的计划，明确兼职（外聘）教师拟授课程名称和教师数量，对照学校制定的聘任标准和条件，发布公开招聘信息，对前来应聘的人员采取面试、试讲和个人资质材料审核相结合的方式，严格把关、择优聘任。

3. 规划建设，建立兼职（外聘）教师培训机制

兼职（外聘）教师队伍建设是高职院校的一项重要的长期工作，而要建设一支高水平的兼职（外聘）教师队伍，高职院校须首先将兼职（外聘）教师队伍建设纳入学校整体的师资队伍建设规划之中，根据专业（群）发展特点，由学校人事处和相关教学管理部门统一制定兼职（外聘）教师中短期建设规划以及兼职（外聘）教师教学素质提升培训计划。根据教师的不同、背景和知识结构进一步细化培训的内容，培训内容取长补短、各有侧重。培训的方式可根据培训内容采取集中和分散相结合的方式。同时，高职院校应将兼职（外聘）教师的素质提升工作常态化，不仅仅针对新聘的教师，对已聘的教师也要定期开展强化培训，以进一步提高他们的教学能力。

4. 完善体制，建立健全兼职（外聘）教师考核与奖励制度

考核是对兼职（外聘）教师教学成效的反馈依据，更是实施有效管理的重要保障。奖励既是对兼职（外聘）教师的个人能力和水平的肯定，是激发兼职（外聘）教师工作积极性和责任心的重要保障，更是吸引越来越多优秀人才来校担任兼职（外聘）教师的有效措施。因此，高职院校应形成长效的兼职（外聘）教师考核与评价机制，采取督导评价、学生评价、同行评价与管理部门监控相结合的方式，及时发现问题，及时整改，以确保教学效果。

高职院校应有效运用考核结果，对教学效果好的兼职（外聘）教师给予一定奖励，如颁发教学考核优秀证书或增发部分课酬等，这样能让兼职（外聘）教师体验到成就感和归属感，能增强他们的责任心，有利于教学水平和效果的整体提升。[1]

兼职（外聘）教师是高职院校师资队伍的重要组成部分，加强兼职（外聘）教师队伍建设与管理是高职院校内涵建设、实现高素质技能人才培养的需要，也是完善师资队伍结构、构建"双师型"教师队伍的重要举措，更是实现高职院校可持续发展的需要。高职院校应分期分段制定兼职（外聘）教师引进计划，建立健全兼职（外聘）教师的聘任与培训、考核与激励机制，兼顾相关利益者的权益，以确保兼职（外聘）教师有时间、有精力、有质量地扮演好其应然角色，将自身的高超技术技能与实践经验传授给高职学生，以全面提升高职院校的人才技术技能水平，提高高职院校人才培养的质量。[2]

---

[1] 周文清. 从角色定位谈高职院校外聘教师队伍建设与管理 [J]. 湖南大众传媒职业技术学院学报，2016（4）：94-96.

[2] 周文清. 从角色定位谈高职院校外聘教师队伍建设与管理 [J]. 湖南大众传媒职业技术学院学报，2016（4）：94-96.

第六章　高职院校毕业设计管理

　　毕业设计是高职院校专业教学体系中一项重要教学内容，也是实践教学的重要环节，更是反映高职院校教学和人才培养质量的重要指标。毕业设计是对学生专业基础理论、专业知识及基本专业技能掌握情况的综合检验，也是对学生运用所学理论知识与专业技能以分析问题、解决问题的基本能力的全面考核。湖南省教育厅《关于开展高等职业院校学生毕业设计抽查的通知》（湘教通［2014］213号）指出：毕业设计是高职院校重要实践性教学环节，是学生综合应用所学知识与技能，分析和解决专业实际问题的关键训练项目，是培养学生职业素养、专业能力、学习能力、创新意识和实践作风等的有效手段。同时，毕业设计也是推进产教融合的有效手段，它既有利于为企业解决实际问题，又能使生产现场的新知识、新技术、新工艺、新标准、新产品、新方法等有效融入人才培养过程。由此，高职院校应充分认识毕业设计在人才培养中的重要作用，将毕业设计作为重要教学环节来抓，进一步规范毕业设计教学及管理流程、完善毕业设计管理制度与模式、强化毕业设计过程监督与考核评价等，全面提升毕业设计的整体质量。

　　本章主要介绍了高职院校毕业设计的日常管理要求及其管理流程、毕业设计工作质量的监管机制与标准、毕业设计的管理规定及要求，分析了当前高职院校毕业设计管理存在的问题及其原因，探索了高职院校毕业设计二级管理模式的建构策略。

第一节　高职院校毕业设计管理概述

一、毕业设计的日常管理

（一）毕业设计的前期准备

1. 制定整体工作方案

学校教务处根据学校教学工作的整体安排与人才培养计划，制定年度毕业设计工作方案，编制毕业设计系列工作表与工作方案并下发至二级院（系）。

2. 制定各专业毕业设计实施方案

各二级院（系）根据教务处的工作方案制定各专业毕业设计实施方案，明确毕业设计的具体教学时间及进度安排，制定毕业设计的评分细则、指导老师考核办法等。

3. 组织毕业设计前期教学

各专业教研室根据时间安排组织毕业设计的前期教学与动员工作，让学生明确毕业设计的重要性与相关要求，了解毕业设计的整个流程，质量标准和时间安排，使学生端正态度，杜绝抄袭与剽窃。

4. 制定毕业设计选题指南

各专业教研室应提前做好毕业设计选题的征集，建立毕业设计选题库，对选题库进行动态更新，并及时公布毕业设计选题指南。

5. 遴选毕业设计指导老师

各专业教研室根据毕业设计相关要求对指导老师进行选派，毕业设计指导老师应具有中级及以上专业技术职称，有一定的教学科研或生产设计的经验，责任感强；同时还可聘请行业企业工作经验丰富且具有相当于讲师以上专业技术职称的技术骨干担任指导老师；对毕业设计指导老师进行集中培训，使其了解上级教育部门对学生毕业设计工作的最新要求以及评价标准，明确毕业设计各教学文件的填报（写）要求与规范等。

（二）毕业设计的过程管理

毕业设计的过程管理可分为毕业设计选题审批、过程指导、过程检查与答辩组织四个部分。

1. 选题审批

毕业设计选题要符合专业培养目标要求，选择贴近工作、生产实际等的具有一定应用价值的选题，以培养学生综合运用所学专业知识与技能解决实际问题的能力。选题要有一定的综合性，深度和难度要适中，选题内容要符合本专业人才培养目标要求，以有利于培养锻炼学生的综合能力、创新能力、探索和钻研能力，帮助学生更好地适应社会发展的需求。选题可由学生依据选题指南进行自选，坚持一人一题原则，如选题难度较大需多名学生参与完成，原则上不得超过 3 人，且每个学生须独立承担一个子项目的任务。指导老师针对学生选题进行审核，并给出相关审核意见。

2. 过程指导

指导老师应围绕学生的毕业设计选题下达毕业设计任务书，明确各阶段任务及要求，并适时掌握学生毕业设计的进度，分阶段对各个环节进行深入细致的指导，并翔实记录指导过程与内容以及存在的问题与改进建议等。指导老师应认真审查并评阅学生的毕业设计作品及成果说明，指导学生参加答辩。

3. 过程检查

在毕业设计过程中，应根据毕业设计工作流程分期分段地对毕业设计的进度以及实施情况进行检查，具体可分为初期、中期和末期三个阶段。其中初期检查在毕业设计工作启动之初，主要检查毕业设计前期教学工作的组织与实施、指导老师的遴选与培训等；中期检查在毕业设计工作正式开展到设计定稿前，主要检查学生毕业设计的进展及相关任务的完成情况、指导老师的过程指导等；末期检查主要采用毕业设计答辩的形式进行，重点查看答辩组织情况与毕业设计作品的质量。

4. 答辩组织

二级院（系）按学校的相关制度规定成立毕业设计答辩委员会，制定具体的答辩实施方案，并根据不同专业组成若干答辩小组，各答辩小组成员不得少于3人。答辩小组根据学生的答辩情况进行打分，答辩小组成员的平均分为最终成绩，评分完毕后认真填写答辩记录表。

（三）毕业设计的考核与总结

答辩结束后，专业教研室组织指导老师、答辩组成员对学生毕业设计成绩进行综合评定。

二级院（系）对照指导老师考核办法，根据指导老师的实际指导和任务完成情况以及所指导学生的毕业设计作品质量等，对指导老师进行综合考核，并对毕业设计整体工作进行及时总结，指出所存在的问题与不足，并提出针对性的改进意见与办法。

各专业教研室及时做好毕业设计工作材料、学生毕业设计成果材料的整理与归档。

二、毕业设计工作管理流程

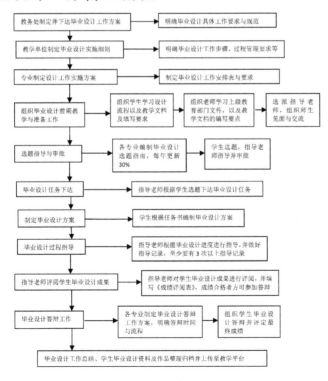

图6-1 毕业设计工作管理流程图

三、毕业设计工作表（单）

表6-1 毕业设计选题审批表

毕业设计题目	
学生姓名	
指导教师及专业技术职称	
毕业设计内容简介 （根据选题具体介绍所涉及的主要内容、解决的问题等）	
审 批 意 见	（盖章）年　月　日

表6-2 毕业设计任务书

姓名		学号		专业、班级	
毕业设计选题					

设计目的
（从作品和学生成长两个角度进行描述，主要描述该毕业设计选题能对学生专业知识的综合应用、专业技能以及职业能力的提升有哪些帮助？）

设计任务及要求
（根据选题对设计任务进行分解，并具体描述各子任务的具体内容以及相关要求。）

设计进程
（对整个毕业设计进度进行安排，安排要具体合理，涵盖从毕业设计选题到最终成果形成以及展示的全过程。）

设计成果表现形式
（成果表现形式除方案外，其他形式如物化产品、软件、文化艺术作品等，须附成果说明）
（成果说明文档须结构完整、要素齐全、排版规范、文字通畅，表述符合行业标准或规范要求）。

审核意见：

教研室（系）主任（签章）：
年　　月　　日

表6-3　毕业设计指导记录表

姓名		专业、班级		学号	
毕业设计选题					
设计阶段	指导意见 （对照毕业设计进度表，指出学生在毕业设计任务完成情况及其质量等方面存在的不足与问题，并提出相关完善或修改建议）				
设计进程 阶段一					
设计进程 阶段二					
设计进程 阶段……					

表6-4　毕业设计指导老师评阅表

学生姓名		学号		班级	
选题名称					
评价指标	观测点	分值	评定成绩		
态度与职业素质	投入的时间 与指导老师的沟通次数 团队合作情况 工作状态	20			
过程与规范	设计方案的可行性 理论依据和技术规范选择的合理性 节点任务完成的及时性 过程记录的完整性 接受指导的次数	20			
专业水平	知识水平 技能运用 综合能力	30			

续表

学生姓名		学号		班级	
设计及其作品质量	任务的完成程度 要素的完整程度 作品的准确程度 与行业标准的契合度 成果报告书的完整性			30	
合计（60 分以下为不合格，不得参加当次答辩）					
是否同意参加答辩				是□ 否□	

指导老师签名：　　　　　　　　　　　　　　　　　　年　　月　　日

表 6-5　指导老师考核表

指导老师			职称	
指导专业			指导人数	
考核指标		考核内涵要求	标准分值	考核得分
一级指标	二级指标	观测点		
选题指导 （30 分）	选题质量	符合培养目标，贴近生产和生活实际或来源于现场实际项目，体现综合实训要求	15	
	题生比	每生一题	5	
	任务设计	目的明确，内容清楚，要求具体	10	
过程指导 （40 分）	任务书和方案编制	任务书内容翔实、目标要求和实施步骤具体可行	15	
	过程指导	过程指导认真、及时、细致到位	15	
	指导次数	3 次以上，且记录规范	10	
成果指导 （30 分）	成果说明书的指导	做好了对设计成果说明书撰写要求、作品（产品）及其规范性等方面的指导并有评阅记录	15	
	成果质量	作品（产品）与设计任务书要求相符合，达到了预期目标	15	

四、毕业设计工作质量的监管机制

（一）毕业设计工作质量监管要求

毕业设计是高职院校人才培养过程中必不可少的重要环节，是综合检验学生学业情况的重要手段。高职院校应高度重视毕业设计的质量，加强对毕业设计全过程的监管，并制定衡量毕业设计工作质量的评定标准，以充分体现毕业设计对提升学生专业技能与职业能力的作用。

1. 成立学校毕业设计工作专门管理机构

主要负责解读上级教育部门的政策要求，制定毕业设计工作制度，明确毕业设计的具体要求与规范，制定毕业设计教学文件及工作表（单），协调并处理工作中出现的各种问题。各教学单位应组建毕业设计工作管理小组，负责制定毕业设计工作方案与实施细则，对毕业设计过程与答辩工作进行检查、监督。

2. 明确毕业设计选题原则与要求

学生毕业设计选题要符合专业培养目标，在满足教学要求的前提下，应尽可能选择与专业岗位群及工作实际相符合的选题。选题确定后，由指导老师下达毕业设计任务书，明确具体的设计任务、流程、时间节点以及具体成果呈现与要求。二级院（系）毕业设计工作管理小组应对毕业设计任务书进行审核，主要审核任务书的目标是否明确、任务是否具体、进度安排是否合理以及工作量是否合理等。任务书经审查后及时下发给学生。

3. 规范毕业设计过程指导

毕业设计教学过程实行指导老师负责制，即指导老师须对整个毕业设计教学活动负责，并充分发挥其指导作用。毕业设计指导老师应具备中级及以上职称，助教须有副高及以上职称的教师"帮带"，否则不能独立承担学生毕业设计指导任务。指导老师应适时掌握学生毕业设计的进度及任务完成情况，并进行深入细致的指导，引导学生及时解决设计过程中遇到的问题。指导老师应对学生毕业设计成果或作品的准确性、规范性、完整性等作出客观评价。

4. 把好毕业设计答辩关

各教学单位应成立毕业设计答辩委员会，答辩委员会一般由 5~7 人（含答辩秘书）组成，答辩委员会下设答辩小组，小组至少由 3~5 名教师组成。答辩委员会应制定毕业设计答辩方案，明确答辩前的准备工作，答辩过程中的具体要求、规范与流程、成绩评定标准等。另需安排专人做答辩记录，记录所提问题、回答要点及评审老师点评与结论。答辩成绩的评定应公平公正，且评语要客观而有针对性。

5. 总结与反馈，持续改进

各教学单位应对毕业设计整体工作情况、存在的问题等进行及时总结，找出问题产生的原因，并制定相应的改进措施，为进一步完善、规范毕业设计工作打下坚实基础。另外，各教学单位还应根据学生完成毕业设计的情况及其质量对指导老师进行综合性考核，并将此项考核结果纳入老师的年度工作考核。

（二）毕业设计工作质量监管标准

表 6-6 毕业设计工作质量监管标准

工作环节	观测点	内涵及标准
前期工作	组织机构	二级院（系）成立毕业设计工作领导小组，小组成员结构合理，职责分明。
设计任务下达	工作方案	根据学校毕业设计整体工作安排与要求，结合本部门实际情况制定切实可行的工作计划和实施细则，明确毕业设计基本流程、各环节的时间节点等。
	制定标准	各专业将毕业设计纳入专业人才培养方案；并根据专业培养目标和所针对的职业岗位任务等制定科学、具体的《毕业设计标准》。
	任务下达	组织各专业老师制定毕业设计的选题指南（选题库每年更新 30%，一个选题最多不超过 3 名学生），供学生选择。
	指导老师选派	毕业设计指导老师必须符合学校所规定的教师职称条件要求，每名教师指导的学生人数不超过 15 人。

续表

工作环节	观测点	内涵及标准
过程指导	教学安排	按照学校关于毕业设计工作的相关规定，组织毕业生进行毕业设计教学活动。
	老师指导情况	指导老师跟踪学生毕业设计的进展情况，了解并解决学生在毕业设计过程中遇到的各种问题，审阅毕业设计完成的初稿、修订稿和最终稿，并认真记录指导情况。
	学生设计成果完成情况	在老师的指导下，学生能按要求、按时间节点完成毕业设计各项任务。积极向老师请教，定时向指导老师汇报设计任务的进展情况。
成果评阅	成果审定	设计作品（产品）与任务书相符合，达到了预期的设计目标，文档材料编写规范。
成果答辩与成绩评定	答辩方案	各专业根据学生毕业设计进展情况提前制定毕业设计答辩方案并交部门主管及院领导审定。答辩方案包括答辩时间、地点、答辩专家成员、评分标准等。
	答辩委员会	各二级院（系）成立答辩委员会，下设答辩小组。答辩小组成员均具有中级及以上职称。
	现场答辩	答辩专家严格按答辩程序进行答辩，对每位答辩学生进行现场评分，并写出评语。答辩秘书现场准确而完整地记录答辩内容。
	成绩评定	学生毕业设计成绩由指导老师评阅成绩和答辩成绩两部分组成，所占比例分别为70%和30%。
总结归档	教学院总结	各二级院（系）对毕业设计整体工作安排、进展和完成情况进行适时监控及及时总结，并对指导老师进行考核。对毕业设计所存在的问题进行分析并制定切实可行的改进办法。
	相关资料	及时收集整理毕业设计任务书、指导记录表、指导老师评阅表、答辩记录表、成果报告书以及设计的作品等。
	资料提交	按照学校关于毕业设计工作成果提交的要求，在规定的时间内将相关材料上传到指定平台。

（三）毕业设计指导老师选聘与考核

1. 指导老师的选聘条件及要求

（1）指导老师所学专业必须与所指导学生专业相同或相近。

（2）具有中级及以上专业技术职称，有一定的教学科研或生产设计经验，作风正派，工作责任心强。

（3）首次独立指导毕业设计的老师应认真学习毕业设计的有关规定与要求，同时还应配备经验丰富的教师协同指导，以提高指导水平。

（4）可聘请行业企业工作经验丰富且具有相当于讲师及以上专业技术职称的人员担任指导老师，但须对其指导情况进行定期检查，监控质量的同时协调有关情况。

（5）指导老师一经确定，不得随意更换，确因工作需要变更的，须经所在教学单位毕业设计工作小组批准。

（6）为保证学生毕业设计质量，每位老师指导的学生数原则上为 10 人，最多不得超过 15 人，对师资充足的专业，根据情况指导的学生人数可适度减少。

2. 指导老师工作职责

（1）指导老师要按照毕业设计的目的和要求，指导、审核学生毕业设计选题，并围绕选题指导学生制定毕业设计方案。

（2）指导老师对学生须严格要求，注意防止抄袭、拼凑行为，努力培养学生独立分析问题和解决问题的能力，鼓励学生创新。

（3）指导老师应定期指导学生并检查学生毕业设计的进度和质量，帮助学生解决毕业设计过程中遇到的问题，适时抽查学生毕业设计进展情况，并根据实际情况及时调整，认真填写毕业设计指导记录表。

（4）指导老师要认真审阅学生的毕业设计，并根据学生的态度、能力以及毕业设计质量等，对学生作出较全面、准确的评价，指导学生做好答辩前的准备工作。

3. 指导老师的考核要求

（1）能严格执行学校有关毕业设计工作的制度与规定，按照要求指导学生完成毕业设计任务。

（2）认真、及时做好学生的毕业设计选题指导与审批工作。

（3）定期检查指导学生的毕业设计工作进度和质量，能针对学生的不同特点和水平加强过程指导，过程指导须认真、及时、细致到位，且有过程指导记录。

（4）认真评阅学生的毕业设计成果，能客观、实事求是地给出评价，严格评分。

（5）认真做好对设计成果及说明书的撰写、作品及其规范性等方面的指导、评阅内容的记录。

五、毕业设计的管理规范及要求

（一）教育行政主管部门对学生毕业设计工作的要求

2014年，湖南省教育厅《关于开展高等职业院校学生毕业设计抽查的通知》（湘教通［2014］213号）首次提出开展高职院校学生毕业设计抽查工作，对抽查的具体内容及其相关要求进行了明确。自此，迎接省教育厅对学生毕业设计工作的检查成为各高职院校的一项常规工作。

2015年省教育厅印发的《关于加强高等职业院校学生毕业设计工作的指导意见（试行）》（湘教通［2015］218号），强调了毕业设计在高职院校教学及人才培养质量提升以及促进校企合作、推进产教融合中的重要性，进一步明确了毕业设计工作的基本要求与工作管理，提出高职院校应将毕业设计作为必修课纳入各专业人才培养方案。毕业设计一般安排在毕业学年实施，主要包括指导选题、下达任务、组织实施、答辩与成绩评定等环节。毕业设计选题应符合专业培养目标，尽量贴近生产、生活实际，能体现在需求分析、信息检索、方案设计、资源利用、作品（产品）制作、成本核算等能力和安全环保、创新协作等意识方面对学生的培养要求；任务书应明确目标、任务、实施步骤和方法、时间安排和成果表现形式等；设计方案应明确设计思路、技术路线、工具设备及技术规范等。同时也明确指出，高职院校应建立毕业设计选题动态调整机制，每年更新30%左右的选题，每四年需实现全部更新等。

2019年湖南省教育厅《关于进一步加强高职高专院校学生毕业设计工作

的指导意见》进一步强调了毕业设计工作的重要性，明确并细化了毕业设计工作管理要求，指出：要加强对学生毕业设计工作的领导，构建校系二级管理模式，即学校责任部门负责全校毕业设计工作的统筹、组织与协调，系部具体负责毕业设计工作的指导、实施与考核；要强化毕业设计工作的常规管理。学校须制定毕业设计管理制度，明确毕业设计选题、实施流程以及作品或成果考核等方面的工作规范与要求，建立毕业设计工作过程跟踪机制，建立健全毕业设计质量监控体系，完善毕业设计质量监控标准，建立毕业设计校企联动机制，引进行业企业专家、技术骨干兼任毕业设计指导老师，逐步推行毕业设计"校内指导老师+企业指导老师"的"双导师"制等。同年，湖南省教育厅还制定并发布了各专业大类的毕业设计指南，指南根据各专业大类的人才培养特点与人才培养要求，对各专业大类的毕业设计选题与要求、成果表现形式与要求等进行了明确规定，并分类制定了毕业设计成果质量评价指标及权重，为各高职院校进一步规范毕业设计管理、改进与提升毕业设计质量提供了纲领性的指导。

（二）学校对学生毕业设计工作的规定与要求

高职院校依照上级行政主管部门的文件精神，制定并出台以规范毕业设计工作流程、完善毕业设计管理、提升毕业设计质量的规定，并对毕业设计管理提出了具体要求。具体内容包括：

1. 毕业设计管理机构

毕业设计应实行学校、二级院（系）两级管理模式。学校成立毕业设计领导小组，主要负责制定学院毕业设计管理制度与工作方案；二级院（系）应成立毕业设计工作小组，负责制定本部门毕业设计实施方案、管理细则以及考核办法等，并组织具体的实施工作。

学校教务处是负责学校毕业设计工作的主要职能部门，负责统筹制定毕业设计相关工作及管理制度、工作方案，负责解读并传达上级主管部门的文件精神，对全校毕业设计工作进行宏观指导、协调与监督。

二级院（系）负责组织并实施本部门的毕业设计工作，根据上级主管部门及学校的相关规定与专业特点，制定本部门毕业设计工作管理细则和实施方案，组织各专业教研室做好毕业设计选题审批、过程指导与检查、学生毕业设计作品（成果）评阅与答辩以及材料的平台上传等具体工作。负责做好毕业设计工作的总结与改进、指导老师的考核评价以及毕业设计材料的整理与归档留存等工作。

2. **毕业设计管理的具体要求**

（1）毕业设计工作要严格按照工作管理流程运行，一般包括：确定选题范围、建立选题库、学生选题、指导老师审题、明确设计任务与内容、编制毕业设计方案、指导老师对毕业设计进行过程指导、指导老师评阅学生毕业设计成果或作品、组织毕业设计答辩、评定学生成绩、相关部门进行毕业设计总结与材料存档等。

（2）二级院（系）应在毕业设计过程中，做好对毕业设计工作的过程监管，具体可分为初期、中期和末期三个阶段。

初期检查是在毕业设计工作启动之初，主要检查毕业设计前期工作组织与实施，如毕业设计工作方案的制定、指导老师的遴选与培训、毕业设计工作的要求与流程、相关教学文本编写规范的教学组织、各专业选题指南的编制与选题库的建设等工作的具体安排与完成情况。

中期检查是在毕业设计工作正式开展到设计成果或作品完成前，主要检查学生选题及审批、任务书的下发、设计方案的制定和设计进度的完成情况，以及指导老师的过程指导情况等。

末期检查在毕业设计答辩阶段进行，重点检查答辩组织情况与毕业设计的质量，如答辩成员的人员构成的合理性、答辩组织的规范性等，以及抽取部分学生的毕业设计成果或作品，并对照《各专业大类毕业设计指南中的质量评价表》以评定学生毕业设计的质量。

3. **毕业设计过程指导要求**

（1）指导老师应依照专业毕业设计指南，指导并审定学生毕业设计选题，并围绕选题下发毕业设计任务、明确设计内容，指导学生编制毕业设计方案。

（2）指导老师应督促学生严格按照毕业设计进度开始设计工作，并根据学生毕业设计任务完成的进度对学生进行适时指导，指导学生解决毕业设计中存在的不足与问题，并对学生严格要求，注意防止抄袭、拼凑等行为，鼓励学生创新，努力培养学生独立分析问题和解决问题的能力。

（3）指导老师应认真审阅学生的毕业设计，并根据学生在完成毕业设计过程中的表现、态度与能力以及毕业设计成果或作品的质量等，对学生作出较全面的、客观的、准确的评价，并指导学生做好答辩前的相关准备工作。

4. 答辩组织及要求

（1）答辩组织。二级院（系）应制定具体的答辩工作方案，根据各专业毕业设计进度情况成立若干答辩小组，各小组成员须具有中级及以上的职称，其中组长须由具有副高及以上职称的老师担任。原则上，指导老师不得参与其所指导学生的答辩，但须列席，以及时了解答辩专家反馈的关于学生毕业设计成果或作品存在的不足与问题。鼓励各专业聘请行业企业管理人员与技术骨干以及同行学校专业教师参与答辩。

（2）答辩时间要求。首先，学生作 10~15 分钟的陈述，陈述内容具体包括：毕业设计选题背景、设计过程、所运用的原理以及成果或作品的主体内容与特色等。其次，答辩小组成员围绕学生毕业设计选题内容及其作品进行提问，学生作出有针对性的回答，时间为 10~15 分钟。

（3）成绩评定。答辩小组根据学生毕业设计成果或作品质量以及答辩情况进行综合性评分与定级，毕业设计最终成绩分为四个等级：优秀、良好、合格、不合格。

第二节　高职院校毕业设计管理现状

一、毕业设计管理存在的问题

毕业设计是高职院校实践教学的重要环节，是培养学生综合运用所学理论知识与技能，进行全面、系统、严格的技术技能与基本能力的训练，是培养和提升学生专业技能和综合职业能力的主要手段，也是培养学生创新与创造能力的重要途径，其重要性越来越被国家和地方教育行政主管部门所关注。湖南省教育厅从 2014 年起开始对各高职院校毕业设计工作及学生毕业设计成果或作品进行抽查。从近几年的毕业设计抽查结果来看，2015 年高职院校毕业设计工作的平均分为 76.8 分，学生成果或作品平均分为 89 分；2016 年的高职院校毕业设计工作的平均分为 85.7 分，学生成果或作品平均分为 80 分。除此之外，仍有个别学校的学生毕业设计抽查结果尚未达到合格标准，由此可见，高职院校的学生毕业设计仍存在很多问题。具体如下[①]：

（一）选题方面

大部分专业的学生毕业设计选题是由专业教研室教师从自身擅长的专业领域或某门专业课程的角度来设定的，选题较单一，如编导专业的"剧本的编写"、商务英语专业的"××的翻译和陈述"、电子商务专业的"网店运营"等，很少从专业人才的培养目标或行业企业实际生产项目的角度来设计多样化的、能较全面锻炼和提升学生专业技能和职业能力的选题。特别是那些需团队合作完成的项目，子项目存在知识和技能单一，团队各成员只是承担项目中一个很小的任务，如出版与发行专业的选题通常为某书某章节的策划、编校和排版，任务太简单，且选题过于狭窄和单调，专业综合性和实用性也不强。

（二）学生方面

大部分学生对毕业设计内涵的认识不够深入，无法从根本上认识毕业设计对促进其自身知识、技能和能力等提升的重要性，以及毕业设计和其他课程学习的区别与联系。由于毕业设计与正常课程学习是相穿插的以及选题的指定性和局限性，在毕业设计过程中经常会出现学生学习态度不够端正、不能按部就班地开展并按时完成相关阶段性任务的情况。另外，大部分学生也不能潜下心来认真地思考和研究选题，大部分学生拿到选题后，基本上是通过上网搜索、复制相关资料，东拼西凑来完成任务，原创性和创新性的内容

---

① 周文清. 高职院校学生毕业设计存在的问题及改进策略——基于二级管理视角 [J]. 卫生职业教育，2018（5）：6-7.

几乎没有。

（三）指导方面

一方面，大部分专业都存在师资严重不足的情况，每位老师指导的学生人数较多，且其间还需承担其他的课程教学任务，根本无法全身心地投入学生毕业设计的指导，指导时间得不到保证，存在指导不到位的现象；另一方面，部分青年教师（特别是刚进校的）以及兼职（外聘）教师也承担了学生毕业设计的指导工作。这部分教师由于专业教学经验不足，无法准确把握专业培养目标，对于应如何指导学生以及如何规范撰写相关教学文档等都把握不准，故无法保障指导效果。

（四）质量方面

一方面，一部分学生的文字表述和逻辑思维能力较差，再加上学习态度不认真、投入时间和精力不足，以及指导老师方面的问题，大部分学生的毕业设计在文本撰写上都存在条理不够清晰、观点不够明确、措词不够准确、层次不够分明、字句不够通顺等问题；另一方面，由于选题范围较窄、实用性不强，学生的创新意识不够，且学生学习能力不强，大部分学生毕业设计成果或作品的实用价值和整体水平不高。[①]

二、毕业设计管理现存问题的归因

学生毕业设计在选题、学生、指导以及质量等方面的问题直接反映了高职院校在学生毕业设计工作组织与管理方面存在的不足，具体包括以下几个方面：

（一）管理运行机制不完善

虽然各高职院校在专业教学系原有的基础上从学科体系建构的角度，已按专业大类或专业群成立了二级院（系），且各二级院（系）的机构设置和人员配备上都较齐全，但学校与各二级院（系）在教学管理方面各自扮演的

---

① 周文清. 高职院校学生毕业设计存在的问题及改进策略——基于二级管理视角 [J]. 卫生职业教育，2018（5）：6-7.

角色和承担的职责等并没有明确，也没有周详的、切实可行的校、院两级教学管理运行机制，更没有形成学校对各二级院（系）的教学管理工作的监管和督查机制，致使各二级院（系）扮演的只是传达或转达相关文件和要求的"中间者"角色，工作的主动性和创造性不够，仍在很大程度上依赖学校教务处。

（二）毕业设计前期教学缺失

毕业设计前期教学，一方面是让学生充分认识毕业设计的内涵和重要性，了解毕业设计的全流程和相关要求；另一方面是让指导老师熟悉上级教育主管部门对学生毕业设计的整体要求与评价标准，了解相关教学文本的编写要点等。虽然学校教务处在相关文件中明确要求各二级院（系）进行学生毕业设计的前期教学，但在实际操作过程中，二级院（系）不够重视，没有组织各专业学生集中学习毕业设计的相关知识，而是直接由各专业教研室老师将选题布置给学生，也没有组织指导教师集中学习和研讨上级教育部门的文件精神以及教学文本的编写要求等。这造成了学生不能以正确的态度对待毕业设计，指导老师对毕业设计整体要求把握不准等问题。①

（三）过程监督管理不到位

一方面，二级院（系）对各专业学生毕业设计选题审核的督查不到位。虽然，学校教务处在毕业设计管理流程中设置了选题审批环节，也明确了选题审批的指导思想，但二级院（系）并没有制定选题审定的具体方式与标准，也没有对各专业选题审核的具体实施情况进行检查，只是检查选题审批表的填写情况。另一方面，老师的指导过程无人监管。大部分二级院（系）并没有根据学校的相关文件要求实施毕业设计的阶段性检查，只注重结果而忽视过程，因而对各专业指导老师的工作进度、指导情况以及其间存在的困难与问题等不能适时把握，导致到学校组织检查时才发现各专业的进度不一致，教学文本编写不规范、要素不齐全等一系列大大小小的问题。

---

① 周文清. 高职院校学生毕业设计存在的问题及改进策略——基于二级管理视角［J］. 卫生职业教育，2018（5）：6-7.

（四）评价体系不完善

目前，学校对于学生毕业设计的评价只侧重于对学生的作品或成果的评价，缺失对指导老师的评价。学生成果评价主要包括指导老师评阅和答辩两部分，评阅主要是由指导老师对学生毕业设计的完成情况进行评价，评价指标较单一且只注重结果；答辩是由专业教研室组织的，参与者基本上也是指导老师，主要针对学生毕业设计成果或作品进行提问，是一种评价主体单一的终结性评价。正是由于评价体系的不完整和不全面，导致学生毕业设计作品或成果的整体水平和质量得不到保障，难以达到教育主管部门的要求。

第三节　高职院校毕业设计管理的改进思路——二级管理模式

学生毕业设计现存不足的根源在于学校不能正确定位二级院（系）在学生毕业设计工作组织与管理中的应然角色。在当前大力推崇二级院（系）建设与发展的新时期，学校应积极探索二级部门在学生毕业设计管理中的有效模式，以全面提升学生毕业设计整体水平。

一、成立毕业设计二级管理机构

二级管理是一种管理职能分工形式，是高等教育管理体制改革的产物，是指学校与二级院（系）两个层级的机构设置、权责划分和体制机制等。高职院校的二级管理模式是高职院校应对不断扩大的管理规模与结构所进行的内部管理体制改革的产物，是在学校、院（系）二级建制的基础上，将学校管理层以及职能管理部门权力下移，调整学校与院（系）在办学、教学及管理、人才引进及财务等方面的权、责、利关系，是将原有以学校职能管理部门全面管理为主的模式转变为学校层面宏观管理、院（系）具体管理的模式。

学生毕业设计是一个综合性较强的实践教学环节，其间所涉环节与要素较多，单由学校教务处来组织与督查是无法实现的。由此，学校首先应设立校级学生毕业设计工作管理小组，实行学校主管院长领导下的教务处负责制；其次，各二级院（系）应成立以院主管领导为直接负责人，系主任、各专业教研室主任为主要成员的毕业设计专项管理小组，并配备专职工作人员。①

二、明确二级管理机构的职责

明确划分学校、院（系）二级管理部门的职责与权限是实施科学管理的基础，也是调动管理人员主观能动性、提升管理水平、创新管理方法和手段的催化剂。因此，高职院校在构建二级管理机构的同时，须明确学校教务处和二级院（系）在毕业设计组织与管理中的职责和权利。教务处作为学校层面的管理部门，其主要职责是宏观把控，根据上级主管部门的文件精神和要求，制定相关管理制度，明确毕业设计工作流程和技术规范，并对二级院（系）的毕业设计工作进行督查与考核。二级院（系）作为毕业设计的具体实施者与直接管理者，其主要职责是执行学校的相关管理制度和文件的要求，制定各专业学生毕业设计教学大纲、课程标准、评价标准以及相关实施细则，负责对毕业设计工作的安排、组织与过程进行监管，负责指导老师的选派与考核，以及学生毕业设计成果或作品质量的评价。

三、建立健全二级管理制度

制度建设是实施学校、院（系）二级管理的基本保障，制度是各部门开展具体工作和活动的行动指南。因此，学校须首先根据毕业设计工作的整体要求、过程管理流程等制定一系列的制度，如学生毕业设计工作管理办法、毕业设计工作流程与规范、毕业设计过程监管制度、毕业设计质量监控与评价制度、指

---

① 周文清. 高职院校学生毕业设计存在的问题及改进策略——基于二级管理视角［J］. 卫生职业教育，2018（5）：6-7.

导老师考评办法以及相关教学文本撰写等，为各二级院（系）毕业设计工作的具体开展、组织、监管与评价等提供依据与指导，促进各二级院（系）毕业设计工作组织与管理的规范；其次，制定二级管理部门考核办法，对各二级院（系）毕业设计工作的前期准备、过程管理、进度落实、答辩组织、成果或作品质量评价等进行考核，以掌握二级部门的职责履行和制度执行情况。

四、建立二级管理督查机制

督查是实施科学管理的重要环节，是促进二级管理部门规范工作流程、加强过程管理力度、增强执行力的助推器。学校应建立并完善便捷、有效的监督检查机制，可成立一个由教务处、督导团、二级院（系）相关管理人员共同组成的联合监督检查小组，采取交互督查的方式，定期或不定期地对二级院（系）的毕业设计工作的组织、开展以及完成情况等进行检查监督。交互督查的目的是发现、改进与提升，由此学校应把交互督查落到实处，不能流于形式，对检查中所发现的问题、存在的不足应及时指出与通报，同时制定切实可行的改进措施，并对整改情况进行跟踪问效或问责，以确保二级管理部门更好地履行其职能和职责。①

毕业设计是高职院校一项非常重要的常规教学工作，较之其他实践性的教学环节，它具有专业综合性较强、环节较多且较复杂的特点，是衡量高职院校教学水平和人才质量高低的重要途径。高职院校应在大力发展和建设二级院（系）的前提下，在工作重心下放的同时，充分发挥各二级院（系）管理的主观能动性，构建完善的二级管理运行机制，建立有效的学生毕业设计二级管理模式，使学生毕业设计工作进一步规范化和流程化，进而全面提升学生毕业设计的整体质量和水平。②

---

① 周文清. 高职院校学生毕业设计存在的问题及改进策略——基于二级管理视角 [J]. 卫生职业教育，2018（5）：6-7.

② 周文清. 高职院校学生毕业设计存在的问题及改进策略——基于二级管理视角 [J]. 卫生职业教育，2018（5）：6-7.

第七章　高职院校顶岗实习管理

顶岗实习是高职院校在完成专业教学计划与任务后，安排学生到企业真实的工作岗位上进行的一种专业实习的教学形式，是对学生在校期间所学的专业理论知识与技能以及综合能力的全面检验、运用、巩固与提升的过程，是培育与提高学生职业素养、职业适应能力的重要环节。同时，顶岗实习也是高职院校人才培养模式改革与创新的重要切入点，是高职院校实现高素质技能人才培养目标和提升人才培养整体质量的必要途径，是高职院校人才培养体系中重要的实践性教学环节，具有员工角色的真实性、工作任务与内容的真实性、工作岗位的专业对口性、技能与能力要求的综合性等特点，对全面提升学生的专业技能、工作环境与岗位适应性、职业素养与综合能力起着非常重要的作用。

2016 年教育部等五部门联合出台的《职业学校学生实习管理规定》（教职成〔2016〕3 号），对职业学校学生实习进行了分类，并对学生实习的组织、过程管理、考核以及安全职责等提出了具体要求与实施办法，将学生实习的实施与管理提升到了一个新的高度。高职院校应依照《职业学校学生实习管理规定》进一步优化学生顶岗实习管理的策略与手段，完善学生顶岗实习管理体制机制，以确保学生顶岗实习落到实处，提升学生实习质量与成效。

本章主要介绍了高职院校顶岗实习日常管理要求及管理流程，以及国家、地方和学校对顶岗实习的管理规定与要求，分析了当前高职院校顶岗实习管理存在的问题及其归因，探索了完善与改进高职顶岗实习管理的策略，并探索了高职院校校内生产性实训基地顶岗实习的运行机制。

第一节　高职院校顶岗实习管理概述

一、顶岗实习的日常管理

（一）前期准备

（1）学校成立学生顶岗实习管理小组，主要负责学生顶岗实习工作的指导、协调与督查，负责制定学生实习管理制度。二级院（系）则成立学生顶岗实习工作小组，负责制定学生顶岗实习实施方案与细则、具体实习计划，确定顶岗实习各项工作的时间节点以及组织定期或不定期的学生顶岗实习巡视等。

（2）二级院（系）做好实习单位的考察与遴选，组织相关人员对拟定实习单位的资质、诚信状况、业务范围、经营管理情况、实习岗位性质和内容、工作时间、工作环境、生活环境、健康保障、安全防护等方面进行实地调研，并确定最终的实习单位。

（3）各专业教研室做好实习前的学生培训与动员工作，就顶岗实习纪律、要求、注意事项以及安全防护等进行较系统的培训，使学生端正思想、明确顶岗实习的目的、任务和意义，提前做好充分的心理准备，树立实习安全防护意识等。各专业教研室还要做好实习学生的安全防护知识学习、岗位操作规程的培训以及考核，未经教育培训或考核不合格的学生不得参加实习。

（4）各二级院（系）做好校内外实习指导老师的选派，须选派教学经验丰富、责任心和安全意识强的老师担任实习指导老师，并与实习单位沟通协商校外指导老师的选派、顶岗实习计划、实习岗位安排等事项。校内指导老师要及时与校外指导老师衔接，商定学生实习期间的日常业务指导与管理事宜。

（二）过程管理

（1）各二级院（系）会同实习单位制定学生实习安全管理规定、学生实习安全及突发事件应急预案等制度性文件。

（2）校内和校外的实习指导老师联合制定顶岗实习计划和具体的实施方案，确定各岗位的实习内容与任务，并制定实习进度表。

（3）二级院（系）、实习单位与学生签订学生顶岗实习协议，该协议应明确学校、实习单位和学生的责任、权利和义务，协议约定的内容不得违反相关法律法规，未按规定签订实习协议的学生，不得参加实习。

（4）二级院（系）为实习学生购买学生实习责任保障，以确保学生实习期间的合法权益。

（5）校内实习指导老师应对学生的实习全程进行指导、检查与考核，采取现场指导、巡查、电话跟踪、信息化平台管理等方式进行过程管理与督查，以全面掌握学生的实习表现与进展，并做好指导记录。

（6）二级院（系）应建立学生顶岗实习巡查制度，定期派管理人员与指导老师对学生实习情况进行现场检查或巡视，并组织实习学生座谈、了解实习学生的实际困难与问题，会同实习单位一起及时处理与解决。二级院（系）应与实习单位建立实习学生信息通报机制，定期通报学生实习表现、状态等。

（三）考核与总结

（1）二级院（系）根据学校相关规定制定顶岗实习指导老师考核细则，对指导老师的指导情况、效果、任务完成等情况进行考核，考核结果与工作量及酬金核发挂钩。

（2）二级院（系）与实习单位协商共同制定实习学生考核实施办法，明确考核内容、方式与评价标准。学生实习结束后，由实习单位与校内指导老师共同对实习学生进行考核评价。

（3）学生实习成绩考核分优秀、良好、中等、及格和不及格。考核成绩为及格及以上的学生方可获得相应学分。

（4）实习结束后，各二级院（系）应及时做好实习文档的整理与归档，实习文档包括：实习安排表、实习协议、实习检查/指导记录表、实习考核表、实习周记、实习报告等；并针对学生实习的具体情况、取得的经验、存在的问题及不足进行总结，制定改进和完善的措施与办法。

二、顶岗实习工作管理流程

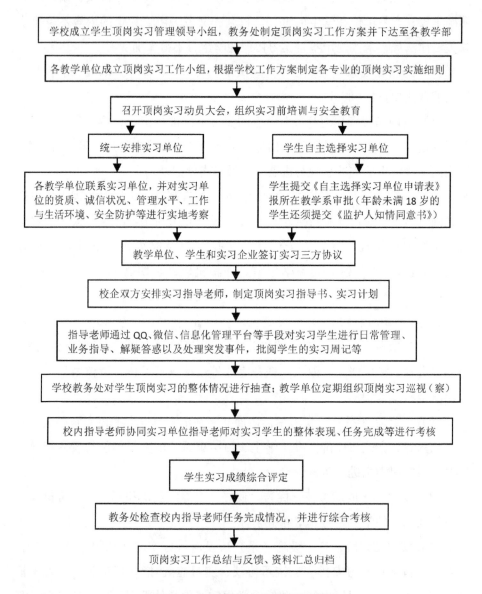

图 7-1　顶岗实习工作管理流程图

三、各类顶岗实习工作表（单）

表 7-1　实习企业（单位）考察表

教学单位		考察目的		
考察人		考察形式		
单位名称			用人岗位	
单位地址			电话	
考察内容	（考察内容包括：单位资质、诚信状况、管理水平、实习岗位性质和内容、工作时间、工作环境、生活环境、健康保障、安全防护等。）			
考察意见				

表 7-2　学生自主选择顶岗实习单位审批表

学生姓名		班级		联系电话	
实习起止时间	申请离校时间：　　年　　月　　日 返校时间：　　年　　月　　日				
实习单位名称					
实习单位 指导老师	姓名			手机	
	部门			职务	
拟参加顶岗实习岗位 主要工作任务描述					
家长意见	学生家长签名：　　　　家长联系电话：				
实习接收单位意见	负责人（签章）： 　　　年　　月　　日				

续表

学生姓名		班级		联系电话	
校内指导老师签章			辅导员签名		
二级院（系） 审批意见		主管领导（签章）： 年　　月　　日			

表 7-3　学生顶岗实习检查/指导记录表

指导老师			联系电话		
实习学生姓名			专业班级		
实习单位					
实习任务					
检查/指导情况（一）	检查/指导时间		月　　日	检查/指导方式	
	指导/检查内容				
	学生实习任务的完成情况				
	发现的问题及采取的措施				
	实习单位对学生实习情况的反映				
	学生对实习情况的反馈				
	指导老师建议				
检查/指导情况（二）	检查/指导时间		月　　日	检查/指导方式	
	指导/检查内容				
	学生实习任务的完成情况				
	发现的问题及采取的措施				
	实习单位对学生实习情况的反映				
	学生对实习情况的反馈				
	指导老师建议				

表 7-4　实习考核表

学生姓名		专业		班级		
实习单位						
实习岗位				实习时间		
校内指导老师评价	考核内容			分值		得　分
	实习纪律（态度、表现）			10 分		
	实习日志			10 分		
	实习报告			20 分		
	实习总结			10 分		
校内指导老师评语				指导老师签名：		
校外指导老师评价	考核内容			分值		得　分
	实习纪律（态度、表现）			10 分		
	职业技能			15 分		
	职业素养			10 分		
	实习业绩（任务完成情况）			15 分		
校外指导老师评语				指导老师签名： （实习单位盖章）		
综合评价	总得分（　　　　　） （总得分＝校内指导师评分+校外指导老师评分）					

四、顶岗实习管理的规范及要求

（一）国家教育行政部门对学生实习管理的规定

2016 年，针对学生实习存在的"失之以宽、失之以松"现象，教育部等五部门联合制定了《职业学校学生实习管理规定》（教职成［2016］3 号），该规定是依据《中华人民共和国教育法》《中华人民共和国职业教育法》《中华人民共和国劳动法》《中华人民共和国安全生产法》《中华人民共和国未成年人保护法》《中华人民共和国职业病防治法》及相关法律法规、规章而制定的，对学生实习形式、组织、管理、考核以及校企双方的安全职责等进行了明确与规定，具体包括以下几点。

1. 实习的形式

《职业学校学生实习管理规定》（教职成［2016］3 号）将职业学校学生实习分为认识实习、跟岗实习和顶岗实习三种形式，其中认识实习是指学生由职业学校组织到实习单位参观、观摩和体验，形成对实习单位和相关岗位的初步认识的活动；跟岗实习是指不具有独立工作能力的学生、不能完全适应实习岗位要求的学生，由职业学校组织到实习单位的相应岗位，在专业人员指导下部分参与实际辅助工作的活动；顶岗实习是指初步具备实践岗位独立工作能力的学生，到相应实习岗位，相对独立参与实际工作的活动。

2. 实习单位的遴选

实习单位需具备的基本条件：职业学校须在确定实习单位前，对该单位的资质、诚信状况、管理水平、实习岗位性质和内容、工作时间、工作环境、生活环境、健康保障、安全防护等九个方面进行实地考察与评估，只有同时满足合法经营、管理规范、实习设备完备、符合安全生产法律法规等条件的企业才能定为实习单位。

3. 实习管理要求

职业院校、实习单位、学生三方在顶岗实习前应签订实习协议，协议中应明确各方的职责、义务与权利，协议约定不得违反相关法律法规。未签署实习协议不得安排学生实习。职业院校应会同实习单位制定实习工作具体管理办法、实习突发事件应急预案、实习安全管理等制度性文件。

4. 实习单位接纳学生的人数占比

顶岗实习学生的人数不得超过实习单位在岗职工总数的 10%，在具体岗位顶岗实习的学生人数不高于同类岗位在岗职工总人数的 20%。

5. 学生实习岗位要求

实习岗位应符合专业培养目标要求，与学生所学专业对口或相近。不得安排学生到营业性娱乐场所实习，如酒吧、夜总会、歌厅、洗浴中心等；不得安排学生从事高安全风险的实习岗位，如高空、井下、放射性、有毒、易燃易爆等岗位。

6. 实习学生的权益保障

实习单位应参考本单位相同岗位的报酬标准和顶岗实习学生的工作量、工作强度、工作时间等因素，合理确定实习报酬，原则上不低于本单位相同岗位试用期工资标准的80%，并应按照实习协议约定，以货币形式及时、足额支付给学生。职业院校和实习单位不得向学生收取实习押金、顶岗实习报酬提成、管理费或其他形式的实习费用。职业学校和实习单位应根据国家有关规定，为实习学生购买实习责任保险，保险范围应覆盖实习活动的全过程①。

（二）地方教育行政主管部门对学生实习管理的规定

2018年湖南省教育厅、湖南省财政厅、湖南省人力资源和社会保障厅、湖南省应急管理厅、中国银行保险监督管理委员会湖南监管局，依照教育部等五部门联合颁布的《职业学校学生实习管理规定》，制定并出台了《湖南省职业学校学生实习管理实施细则》，该细则除重申了《职业学校学生实习管理规定》中的相关要求外，还根据湖南省的具体情况进一步细化了相关实习管理要求。

1. 强调了职业学校的主体责任，明确了实习管理组织机构的构建要求

职业学校校长是实习工作的第一责任人，成立由校长任组长，教务部门、就业部门、学生管理部门、财务部门、后勤部门、综治部门、基层教学实施单位等共同参与的学生实习管理领导小组，并明确各部门在实习组织与管理过程中的职责、要求以及失职追责办法。

2. 提出了加强信息化管理手段的建设要求

校企双方应共同构建信息化管理平台，利用 QQ 群、手机 App 等信息化

---

① 教育部. 职业学校学生实习管理规定（教职成〔2016〕3号），教育部官网.

手段，定期发布实习信息，与实习单位共同加强学生实习过程中的教育与管理等。

3. 明确划分了学生实习安全职责

职业院校的院（校）长是学生实习安全工作的第一责任人，应会同相关单位加强学生实习安全监管，建立学生实习风险管理组织机构，完善学生实习风险管理机制，做好实习前风险预防培训、实习过程中风险管控，出险后提供专业索赔建议和协助索赔的全流程风险管理服务制度。

4. 具化了学生实习文档材料要求

实习指导老师负责学生实习期间的业务指导和日常巡视工作，认真记录指导内容、问题解决以及学生实习表现等情况，并形成实习周志；实习学生根据实习计划与内容，逐项完成实习任务，记录每天的实习内容、任务完成情况，形成实习日志；实习结束后，实习学生撰写并提交实习报告。

（三）学校对学生顶岗实习管理的规定与要求

高职院校应依照《职业学校学生实习管理规定》与《湖南省职业学校学生实习管理实施细则》的规定及要求，结合本院校的实际情况，明确划分学生顶岗实习各相关主体即学校教务处、二级院（系）、实习合作单位及实习学生的职责，以确保顶岗实习的有序开展。

1. 学校教务处职责

学校教务处作为学生顶岗实习管理的主要职能部门，主要负责学生顶岗实习工作的整体安排、协调与监管，处理并解决学生顶岗实习过程中的重大问题。

（1）根据教育部与省教育厅相关文件精神，建立健全的学生顶岗实习管理体制机制，明确学生顶岗实习的具体实施与管理要求。

（2）制定全校学生顶岗实习工作方案，组织并协调各二级院（系）做好顶岗实习基地的开发与维护，制定校外实习实训基地遴选与建设制度。

（3）制定学生顶岗实习巡查制度，制定顶岗实习检查计划与具体安排表，明确实习检查要求等，并会同相关管理部门（如学生工作处）定期或不定期地对学生顶岗实习情况进行实地巡视。

（4）建立学生顶岗实习突发事件预警机制，并协助各二级院（系）与实习单位做好学生实习突发事件的处理工作。

2. 二级院（系）职责

（1）根据各专业特点联系、开拓并建设学生顶岗实习单位与基地，负责对实习单位的资质、诚信状况、管理水平、实习岗位性质和内容、工作时间、工作环境、生活环境、健康保障、安全防护等方面进行实地考察并形成书面报告，将书面报告及相关资料递交学校教务处，经核准后，协同学校校企合作办与实习单位签订合作协议。建立实习单位与基地建设目录，且每年至少更新一次。

（2）根据各专业特点制定切实可行的学生顶岗实习大纲、实习方案、实习计划等规范性与指导性文件，明确顶岗实习的具体实施要求与细则；会同实习单位做好实习学生的实习前培训，明确实习岗位安排、商定岗位实习任务与内容、完成实习最终成绩的评定与资料归档等工作；会同实习单位根据专业培养目标和实习要求，制定具体的学生实习考核办法，明确考核内容、方式与评价标准，并实施具体的考核工作。

（3）建立校企"双导师"指导制度，和实习单位共同商定并选派教学或实践经验丰富、业务能力强、责任心强、安全防范意识高的实习指导老师，双方共同负责实习学生的日常管理、业务指导与考核评价，及时掌握学生的实习状况，解决学生所遇到的问题。

（4）负责与实习合作单位、实习学生共同签订顶岗实习协议，顶岗实习协议应明确三方的责任、权利和义务，协议约定的内容不得违反相关法律法规的规定。协议内容主要包括：各方基本信息；实习的时间、地点、内容、要求与条件保障；实习期间的食宿与休假安排、劳动保护以及劳动安全、卫生、职业病危害防护条件；责任保险与伤亡事故处理办法；实习考核方式；违约责任以及学生实习报酬及支付方式等。

（5）根据各专业教学进度与需求，统一安排学生进行实习前的专业技能训练、与企业及岗位认知相关内容的培训。学生顶岗实习单位的选择既可由二级院（系）统一安排，也可由学生根据自身具体情况自主选择实习单位，但须向所在二级院（系）递交相关申请，经审核批准后方可执行。

（6）会同实习合作单位确立安全第一的原则，严格执行国家及地方安全生产和职业卫生的有关规定，做好学生实习前的安全防护知识、岗位操作规程的培训以及考核，未参加教育培训或未通过考核的学生不得参加顶岗实习。学生实习期间，应加强实习学生的安全监督与检查。

（7）敦促实习单位严格执行国家关于工作时间和休息休假的规定，严格遵守国家相关法律法规以确保实习学生的基本权利。《职业学校学生实习管理规定》（教职成〔2016〕3号）明确规定：除相关专业和实习岗位的特殊要求（报上级主管部门备案）外，不得安排未成年学生从事《未成年工特殊保护规定》中禁忌从事的劳动；不得安排女学生从事《女职工劳动保护特别规定》中禁忌从事的劳动；不得安排学生到酒吧、夜总会、歌厅、洗浴中心等营业性娱乐场所实习；不得安排学生从事高空、井下、放射性、有毒、易燃易爆，以及其他具有较高安全风险的实习；不得安排学生在法定节假日实习；不得安排学生加班或夜班，以及不得通过中介机构或有偿代理组织，安排和管理学生实习工作等。

（8）会同实习单位共同制定实习学生住宿制度和请假销假制度；在参考实习单位相同岗位的报酬标准和顶岗实习学生的工作量、工作强度和时间等基础上，合理确定顶岗实习报酬，以货币形式及时并足额支付给学生。不得以任何名义向学生收取实习押金、顶岗实习报酬提成、管理费或者其他形式的实习费用，不得要求学生提供担保。

（9）负责根据国家相关规定统一为实习学生购买学生实习责任保险。责任保险范围应覆盖实习活动的全过程，包括学生实习期间遭受意外事故及由于被保险人疏忽或过失导致的学生人身伤亡，被保险人依法应承担的责任，以及相关法律费用等。

（10）负责对学生的实习过程进行实时监控与检查，在学生实习期间，定期派管理人员对学生实习进行跟踪调查；建立学生顶岗实习日常督查与巡视机制、二级院与实习单位的学生实习信息通报机制。并会同实习单位对违反规章制度、实习纪律以及实习协议的学生，进行批评教育并督促改正。

（11）负责制定校内实习指导老师考核办法，根据顶岗实习及其管理要求明确考核内容、考核标准与办法等，对校内指导老师的实习过程监管、业务指导、问题解决、成绩评定等进行考核，考核结果应作为教师年度考核的依据之一。

3. 实习合作单位职责

（1）实习单位应根据合作的高职院校顶岗实习的具体要求，提供与实习学生所学专业相对应或相近的实习岗位，并与高职院校的相关二级院（系）共同商定实习计划、任务与内容。

（2）制定实习学生岗前业务培训计划，并组织培训考核。

（3）选派实践工作经验丰富、业务素质好、责任心强、安全防范意识高的一线技术或管理人员担任实习指导师，具体负责实习生的日常管理、业务指导与和考核评价，以及现场解决学生实习过程中出现的问题。

（4）与合作的高职院校及其二级院（系）保持密切联系与沟通，及时反馈实习生的表现情况。

（5）根据国家有关法律法规的规定，为顶岗实习学生提供相应的报酬。

（6）当实习生发生人身意外时，应按国家相关规定，与高职院校协商解决等。

4. 实习学生职责

（1）学生自行联系与选择顶岗实习单位的，应在实习前将实习协议提交给所在二级院（系）。

（2）实习学生应依照学校与实习单位共同制定的实习计划与安排，按时保质保量地完成规定的实习任务，撰写实习日志，并在实习结束时提交实习报告。

（3）实习学生应严格遵守学校的规章制度与实习单位的实习纪律要求，履行实习协议中的职责与义务，爱护实习单位的设施设备等。如有违反上述规定，违规情节严重的，经校企双方协商后，由所在二级院（系）报学校相关管理部门给予纪律处分；如给实习单位造成直接经济损失的，应当依法予以赔偿。

（4）学生应严格遵守实习单位的住宿制度，如申请在外住宿的，须经学生监护人签字同意，报所在二级院（系）审批并备案后方可执行。

第二节 高职院校顶岗实习管理现状

一、高职院校顶岗实习管理存在的不足

（一）实习区域分布较分散，专业对口率较低

建立足够多的实习合作基地（实习单位）是高职院校学生顶岗实习工作顺利开展的有力保障，但各高职院校专业设置存在的特性，使部分高职院校很难实现所有学生都由学校统一安排到校企合作的实习单位进行顶岗实习，仍有相当一部分学生需自行去联系或寻找实习单位，而学生在选择实习单位时，往往会更多地从方便的角度来考虑，如是否离家比较近或交通是否便利等，而不会从是否与自身所学专业相适合的角度考虑，还有的学生则会依赖于由父母或亲戚朋友介绍的实习单位等，这样就导致学生实习单位分布区域广而分散，实习岗位与专业的对口率较低。[①]

（二）专业实习指导师资不足，指导力不从心

绝大多数高职院校都没有专职的实习指导老师，通常由专业理论课教师兼任顶岗实习指导老师，但这些老师除了顶岗实习指导任务外，平时还有较繁重的常规专业课程的教学任务和科研任务，且由于指导师资数量的不足，每位老师指导的学生人数一般都在 10 人以上，他们对于实习指导实在是力不从心。指导老师的日常指导、实习日志与周记的批阅、实习任务情况的检查等也只是流于形式，走马观花，并未尽其应有的指导职责，有的甚至对学生放任不管，存在严重的指导缺失现象。同样，作为企业管理或技术人员的校外指导老师也是双重身份，他们平时有着自己岗位上的生产或管理任务要完

---

① 周文清. 新规下高职院校学生顶岗实习管理的问题与改进对策 [J]. 山东青年，2019（12）：147-148.

成，实在是很难做到全身心地投入实习学生的过程管理、业务指导与答疑中来，指导效果也无法保障。

（三）学生对顶岗实习的认识不足，参与积极性不高

首先，很多学生对参加顶岗实习的意义以及顶岗实习对其专业技能、职业能力与素质提升的重要性的认识不够，往往把参与实习当成是"打工"的经历或"混毕业"的条件，因此在实习过程中常常会出现学生工作态度不认真的情况。其次，有部分学生因初次进入职场，没有做好充足的心理准备，再加上企业严格的规章制度与管理要求以及对企业的生产和生活环境又不熟悉等，一时难以适应企业的生产经营和管理方式。再有，部分学生对学校统一安排的实习单位不满意，实际的岗位安排和工作内容与其所期望的也存在一定的差距，便经常找各种理由表达自己的不情愿与排斥心理，或提出更换实习单位的要求。上述问题的存在，导致学生无法按时保质保量地完成顶岗实习的任务。这不仅给实习管理带来了很大的难度，也无法确保顶岗实习的成效。

二、高职院校学生顶岗实习管理现存问题的归因

（一）前期教学不到位，缺乏精心设计

顶岗实习是学生对整个专业学习期间的理论知识与专业技能运用的一个综合性检验式教学环节，是学生职业素养养成、专业技能和职业能力提升的重要途径，其在专业人才培养方案中占据了总学时的1/6以上。但多数高职院校在顶岗实习开始前，未精心设计并组织学生进行实习前的培训与动员，具体表现为：

1. 不重视岗前综合性知识的教育教学

学校通常会在学生实习前召开实习动员大会，但很少涉及岗前综合性知识的教育教学，如向学生解析顶岗实习的内涵、意义与目的，进行岗前专业知识综合性测试，以及介绍各专业所对应的岗位（群）的特点、知识与技能要求，情境再现企业的运营与生产生活环境、工作流程等。

2. 没有组织岗前技能综合性训练与模拟演练

实习前的具有岗位针对性的技能训练与演练，既能帮助学生对顶岗实习形成正确的认识并做好充足的心理准备，还可帮助学生形成对职业岗位的初步认知。而高职院校通常只是简单地介绍实习单位、岗位需求以及相关纪律要求等。[①]

3. 缺乏顶岗实习的整体设计

对顶岗实习的具体流程、内容设计与计划、管理模式、质量监管与考核评价等相关执行标准与要求等也存在一定的不明确性，各个具体岗位的实习内容与计划也缺乏系统性设计与进程安排，这不仅造成学生对实习的茫然性，还使校内外指导老师无标准可依，对学生的指导与管理存在一定的随意性。

（二）实习管理体制不完善，联动管理机制不健全

一方面，顶岗实习既是高职人才培养过程中一项教学活动，也是一项重要的学生管理工作，如学生的思想教育与管理，需要学生管理部门的深度参与，以帮助他们端正态度、培养正确认知以及适应新的生活工作环境等。另一方面，顶岗实习还是一项校企合作工作，需校企合作部门加大实习基地的开发与建设力度以及为学生提供足够多的实习单位以供选择，同时实习经费的落实、学生权益维护与保障等相关事宜也需相关部门的支持与协助。当然，实习工作的有序开展、实习成效的有效保障需要学校各部门的通力协作才能达成。

但是，目前大部分高职院校的学生顶岗实习工作管理与实施是由学校教务处和各二级学院负责，其他相关部门鲜有参与。同时，企业作为学生顶岗实习管理的主体之一，少有企业成立专门的实习学生管理机构，特别是自主选择的实习单位。虽企业安排了专门的实习指导老师，但由于校企双方要么不存在合作关系，要么是短期合作，并没有建立校企联合管理机制，双方管理职责不明确，也缺乏企业指导老师考核评价制度，无法把控过程指导与管理的实际情况与成效，难免出现过程管理缺位或流于形式的问题。

---

① 周文清. 新规下高职院校学生顶岗实习管理的问题与改进对策 [J]. 山东青年，2019（12）：147-148.

第三节　高职院校顶岗实习管理的改进

依照教育部等五部门颁布的《职业学校学生实习管理规定》（教职成〔2016〕3号）以及湖南省教育厅、湖南省财政厅等五部门印发的《湖南省职业学校学生实习管理的实施细则》的文件精神，高职院校应深化对顶岗实习重要性的认识，并积极响应上级政策文件的相关要求，进一步完善并优化学生顶岗实习管理的体制机制。[①]

一、建立健全实习管理制度，规范管理要求

（1）高职院校作为学生顶岗实习的具体组织、实施与管理机构，应高度重视管理制度建设、细化过程管理流程、明确管理职责与要求，如制定"学生顶岗实习实施细则""学生顶岗实习督查与巡查制度""校内外实习指导老师管理办法"等，另外，高职院校还应维护学生合法权益、保障学生实习安全等，如制定"实习学生突发事件处理办法""实习学生权益保障制度""学生实习保险制度"等。完善的管理制度能有效地明确各实习主体的工作职责与义务以及各事项的落实要求，进一步规范实习过程管理，更好地维护实习学生个体权益，进而确保学生顶岗实习的成效。

（2）各二级院（系）应建立完善的实习管理制度，对相关工作事项、工作内容以及经费利用等有一个明确的界定与规范，以及对做什么、如何做、怎么做等也有一个明确的要求与规定，做到事事都有章可循，使顶岗实习成效得到保障。

---

① 周文清. 新规下高职院校学生顶岗实习管理的问题与改进对策［J］. 山东青年，2019（12）：147-148.

二、建立联动管理机制，实施"三级"过程督查

（1）成立学校顶岗实习联合管理领导小组，以统筹安排全校的学生顶岗实习工作，负责制定顶岗实习管理制度，明确各相关职能部门在学生顶岗实习组织与过程管理中的工作内容、职责与要求以及监管与失职追责办法。各二级院（系）则成立学生顶岗实习工作小组，负责制定过程管理的具体办法与方案，负责检查各项工作的落实与完成情况等。

（2）建立顶岗实习"三级"督查机制。实习领导小组成员分期对各二级院（系）的顶岗实习工作开展与实施情况进行专项检查或督查，并及时通报检查结果；二级院（系）应建立顶岗实习月巡查制度，定期对各专业的顶岗实习进行巡视与检查；教研室负责对学生的日常到岗、实习计划的执行、任务的完成情况与质量情况等进行检查，每月通报一次检查结果。建立多部门联动的"三级"督查制度，能使学校及时了解并掌握实习学生的情况，能使实习学生时时处于学校各级人员的监护下，确保学生实习质量的同时，还能杜绝违法乱纪、损害学生利益的事情发生。

三、建立顶岗实习标准体系，实行课程化管理

各高职院校应将顶岗实习作为一门专业核心课程纳入课程体系建设，建立顶岗实习课程标准，实施课程化管理。

首先，高职院校应尽快制定各专业顶岗实习标准。目前部分专业已有了国家标准，对于尚无国家标准的专业，高职院校应参照教育部发布的顶岗实习标准体制要素，联合行业企业专家、技术骨干以及管理人员共同研讨各专业对应的岗位以及各个岗位群的工作任务、核心技能与职业素养要求，以及所需的实习条件、实习保障与指导老师选派要求等，进而形成各专业顶岗实

习标准①。

其次，依照专业顶岗实习标准制定学生顶岗实习教学大纲，明确课程目标与内容，如实习前的教学内容与准备工作、实习所要达到的预期目标、各个岗位群的实习内容与时间安排、对实习指导老师的要求以及课程考核内容与办法等，为各专业顶岗实习的具体实施提供纲领性文件。

四、借助现代信息技术，革新管理手段

要实现对学生顶岗实习的有效管理与指导，适时掌握学生实习动态，各高职院校有必要借助信息化手段以优化顶岗实习的过程指导与管理。高职院校可与技术公司联合开发，根据顶岗实习的具体流程、相关要求等科学设计顶岗实习信息化管理平台的功能模块，如可分为实习前准备、指导老师选派与学生实习分配、实习任务下达、过程指导与管理、总结评价以及数据统计等，通过各模块的动态数据适时查看学生实习过程的指导与管理情况。

顶岗实习管理平台还应同时开设电脑和手机两个端口，这样可方便学生与指导老师联系，在实习过程中如遇到什么难题、困惑等可及时通过手机端或电脑端与老师取得联系，也方便指导老师及时了解学生实习进度与动态信息，及时解答学生疑问并处理相关紧急事件，还方便管理层通过数据中心适时监控各专业学生的实习情况（实习单位与岗位分布、实习计划的落实、任务的完成以及老师的指导与作业批阅等），及时发现问题、反馈整改要求等。

总的来说，顶岗实习是高职人才培养的重要环节，各高职院校应充分认识其重要性和必要性，将学生顶岗实习工作作为学校的一项头等大事来抓，成立专门的顶岗实习联合管理机构，实行学生顶岗实习多部门联动管理机制，同时还应加强管理制度和过程监管体制建设，建立"三级"过程督查机制，实施顶岗实习课程化管理，以信息化手段优化顶岗实习过程管理的手段和方法。在规范学生顶岗实习管理的同时，将学生顶岗实习管理工作落到实处，

---

① 周文清. 新规下高职院校学生顶岗实习管理的问题与改进对策［J］. 山东青年，2019（12）：147-148.

提升学生实习质量。①

第四节　高职院校校内生产性实训基地的顶岗实习

一、校内生产性实训基地顶岗实习概述

（一）校外顶岗实习存在的不足

顶岗实习是高职院校学生接受职业素质教育和提升职业能力的有效途径，也是高职院校人才培养模式的切入点。

教育部2006年颁布的16号文件明确指出了加强高职院校学生的素质教育和增强学生的职业能力的重要性和紧迫性，并指出了学生素质教育和职业能力提升的有效途径为顶岗实习。通常情况下的顶岗实习是指学生毕业前的半年到校外企业的真实工作岗位实习。教育部在2009年3月发布的《教育部关于加快高等职业教育改革　促进高等职业院校毕业生就业的通知》中提出"高职院校要切实落实高职学生学习期间顶岗实习半年的要求，与合作企业一起加强针对岗位任职需要的技能培训，大大提升毕业生的技能操作水平，提高就业能力"。

据此，各高职院校都在第三学年第六学期开展长达半年的学生校外顶岗实习，然而第六学期学生面临毕业，且部分学生已找到就业单位，剩余的学生也正忙于找工作，故顶岗实习普遍存在分布广泛、管理松散的现象，对学生的素质教育和职业能力的提高作用不大，其实际效果也无法达到预期。

（二）校内生产性实训基地顶岗实习机制建设的必要性

校内生产性实训基地顶岗实习是高职院校在校内自建或校企共建的实训基地所开展的实习，其特点是实习时间安排灵活且实习场地集中，加上学生仍在校学习，管理方便，能很好弥补校外顶岗实习所存在的不足。学生通过

---

① 周文清. 新规下高职院校学生顶岗实习管理的问题与改进对策［J］. 山东青年，2019（12）：147-148.

参加校内的顶岗实习，其职业素养和职业能力能在正式进入社会前得到很大的提升，其就业率和就业质量也较高。同时校内顶岗实习也是高职培养"双师型"教师的有效途径，且近几年随着国家示范院校和国家骨干院校建设项目的推进，各高职院校的校内生产性实训基地建设已初具规模，实施校内顶岗实习的基本条件已达到。

但是，目前高职院校校内生产性实训基地的功能和效用并没有得到很好的发挥。一方面，基地所开展的实习项目与在其他实训室进行的没什么区别；另一方面，开展了顶岗实习的基地又由于相关制度的缺失而运行不畅，整体效果不尽如人意。因此，要使校内生产性实训基地的功能和效果得到很好的发挥，确保所开展的顶岗实习成效，高职院校有必要建立起长期的、有效的运行机制。①

二、校内生产性实训基地顶岗实习的内涵

（一）校内生产性实训基地顶岗实习的含义

校内生产性实训基地顶岗实习是高职院校在校内具有生产经营特点和功能的实训基地开展的一种新的实践教学模式，是指在高职院校自建或校企合作共建的生产性实训基地，通过模拟行业企业的真实工作环境，让学生体验真实的工作任务；或是在校企共建的实训基地进行真实的岗位工作。

在校内生产性实训基地安排学生进行顶岗实习，其目的是让学生提前了解行业企业的运作情况、熟悉相关岗位工作环境和流程、培养学生的职业道德、提升学生专业技能和职业能力，是实现理论教学与实践技能训练相融合的有效途径。

---

① 周文清. 高职校内生产性实训基地顶岗实习运行机制的探讨［J］. 教育与教学研究，2015（10）：147-148.

（二）校内生产性实训基地顶岗实习的作用

1. 能弥补校外顶岗实习的不足

自 2009 年 3 月教育部发布的《教育部关于加快高等职业教育改革　促进高等职业院校毕业生就业的通知》提出高职院校要切实落实高职学生学习期间顶岗实习半年的要求后，各高职院校将半年的校外顶岗实习纳入了专业人才培养方案，并集中在第三学年组织实施。然而，校外顶岗实习自实施以来一直存在一些普遍问题，如实习安排分散、实习岗位与专业存在偏差、校企双方指导缺位、企业主体意识不强等，这些问题直接导致校外顶岗实习整体效果不佳。

校内生产性实训基地顶岗实习，能很好地弥补校外顶岗实习所存在的上述不足。第一，实习安排在校内，便于学校统一安排和管理；第二，各专业可根据课程教学标准和教学进度确定顶岗实习内容、设置实习岗位，较之校外顶岗实习更具针对性，更能突出专业特点；第三，指导老师可根据顶岗实习计划和安排，随时赴现场跟进实习进度、掌握学生的实习情况并进行适时指导；第四，学校可根据专业教学计划的进度和学生个体的实际情况，分批、分段地安排学生顶岗实习，因此实习安排更灵活。

2. 能将"工学结合"落到实处

工学结合是指学生充分利用学校和企业这两种不同类型的学习环境，把工作和学习贯穿于实习过程和学习活动之中，培养适合不同用人单位需要的，具有较高创新和实践能力的人才[①]。工学结合是高职实现高素质高技能人才培养目标的重要途径，目前高职院校已初步形成了校企联合、半工半读、产教合一的工学结合模式，但由于种种原因大部分工学结合流于形式，并没有取得实质性的成效[②]。

校内生产性实训基地顶岗实习的一个重要特点是学生在校内学习期间就能进入真实的工作环境、执行真实的工作岗位和任务、体验真实的企业管理

---

① 欧阳丽. 高职工学结合的基本问题、现状与趋势研究 [J]. 教育与职业, 2009 (17): 8.

② 周文清. 高职校内生产性实训基地顶岗实习运行机制的探讨 [J]. 教育与教学研究, 2015 (10): 102-104.

模式，学生可以同时在课堂和实训基地两种环境中学习，实习过程既是工作过程，也是学习过程。同时，高职院校可以将专业教学标准植入实习岗位工作内容和任务当中，自主实现教学内容与工作岗位任务和要求的有效融合，从而将理论与实践并行、学做合一的工学结合人才培养模式真正落到实处。

3. 有利于教学效能的整体提高

一方面，在校内生产性实训基地开展顶岗实习，学校可将生产性实训基地的生产和教学两大功能进行有效融合，相关专业可根据教学计划和进度制定并适时调整顶岗实习计划，使顶岗实习任务与专业教学内容进行对接，这样学生在顶岗实习过程中，既可通过实际操作和相关问题的解决加深对所学专业理论知识的理解，还可通过实习了解自身学习存在的不足，进而有针对性地加强学习。

另一方面，实训指导教师也可以通过观察学生在顶岗实习中的各种表现，发现学生在理论知识运用以及技能操作方面存在的"短板"，进而改进和优化日后的教学。

4. 为高职校内实践教学模式的创新提供了思路

实践教学模式是根据实践教学的需要，探索并建立起来的一种优化教学的方法论对策系统，是为实践教学课程形态服务的方法论平台，是为实践教学的具体实施提供的选择路径和操作方法，是指导老师进行实践教学活动的基本范式[①]，即对实践教学的各个环节（内容、形式、方法及手段等）进行整体设计、制定并实施具体的教学计划，其目的是实现实践教学与专业理论学习的紧密结合。

随着国家示范院校和骨干院校建设项目的实施，目前大部分高职院校都建立了校内生产性实训基地，但在实际运行过程中，大部分校内生产性实训基地只是被当作普通实训室，开展的也是普通的单项实训项目，实践教学模式样态也比较单一，不能适应新时期高职教育整体发展的需要。

在校内生产性实训基地已有教学模式的基础上增加顶岗实习，并使之成为高职实践教学的高级模式，这不仅能使校内生产性实训基地应有的功能和

---

① 张健. 高职实践教学模式发展的走向 [J]. 职教通讯，2011（16）：3.

价值得以充分发挥和利用，同时还为高职院校创新和优化实践教学模式，提升实践教学质量提供了新的思路。①

三、高职院校校内生产性实训基地顶岗实习的运行机制

目前，高职院校校内生产性实训基地的建设模式主要是引企入校，校企共建共享，但基地的日常运行和管理由企业方负责。在此背景下，校内顶岗实习的直接参与主体不仅有学校、学生，还有合作企业，其中，学校方又牵涉到不同的部门，而不同部门又有着不同的工作职责和业务范围，因此，要确保校内顶岗实习的有效和常态化运行，就必须协调并处理好各个部门之间的关系和工作。

（一）建立多部门联动的管理运行机制

校内顶岗实习的运行是日常教学与实习工作的同时运行，在实际运行过程中势必会产生一些诸如实习时间与正常教学冲突、实习任务与教学内容不对接等矛盾，这些矛盾所牵涉的部门较多。为了有效解决上述问题，就必须建立一个由多部门协作的管理机构，共同为校内顶岗实习的正常、有序运行提供服务。由此，高职院校应建立一个由学校主管领导牵头，教务处、校企合作办或实训中心和二级院（系）等共同参与的管理机构，各部门之间分工明确，职责分明，教务处负责协调解决在教学与实习运行过程中出现的诸如时间冲突、校企双方指导老师待遇不高等问题；校企合作办则负责与合作企业商定顶岗实习计划以及实习学生待遇等事项；实训中心则负责顶岗实习具体工作的开展与日常管理；二级院（系）则负责与合作企业商定实习任务、明确实习内容以及学生和校内指导老师的选派等工作。各部门通力协作，适时解决问题，才能确保校内基地顶岗实习的有序进行。

（二）建立校企合作的长效机制

顶岗实习既是实现学校教学内容与企业工作任务、教学环境与工作环境无缝对接的有效途径，也是提高学生职业技能、职业素质和综合能力的重要

---

① 周文清. 高职校内生产性实训基地顶岗实习运行机制的探讨［J］. 教育与教学研究，2015（10）：102-104.

途径，是学生角色实现从"学生"向"职业人"转变的重要渠道。由此，要实现校内生产性实训基地顶岗实习的常态化运行，高职院校应积极探寻一种与企业长期合作的模式。在顶岗实习实施前，学校教务处或校企合作办应联合二级院（系）、实训中心，与合作企业就顶岗实习的时间安排、批次、岗位设置、岗位内容与任务、校企双方指导老师选派以及管理等问题进行座谈与商讨，对顶岗实习的各个环节与要求进行明确，以初步形成一个长效的合作机制，有效地保障顶岗实习的开展。①

（三）　建立教师与学生激励机制

目前，高职院校校内生产性实训基地所开展的顶岗实习并没有作为一门课程或实习项目被纳入专业人才培养方案中，学生参与顶岗实习没有学分，老师指导实习没有既定的工作量，导致老师和学生的参与性不高。这在很大程度上影响了校内生产性实训基地顶岗实习的正常运行和效果。因此，高职院校有必要建立相关激励机制，以激发教师和学生参与顶岗实习的积极性。如首先从制度层面将顶岗实习分为"校内"和"校外"两大部分；其次，各专业可根据校内生产性实训基地的建设情况，将专业人才培养方案中"顶岗实习"学分按"校内"和"校外"两部分进行科学的分配，充分运用校内顶岗实习的结果，以增强学生参与的积极性和实习成效；再有，对参与校内顶岗实习指导的校内、校外教师，除按其指导工作量计以一定课时外，还将其指导经历作为其职称申报的佐证材料。

（四）　建立校内指导教师培训机制

高职院校真正意义上的"双师型"教师严重不足，大部分高职院校教师是从校园到校园，虽掌握并具备了扎实的专业理论知识，但其间由于缺乏行业企业的工作经历，对教学过程中出现的实践性强的、涉及技能及操作等的问题无法解决，实践动手能力较弱，理论知识的运用能力不强。大部分专业教师对企业的实际运营模式不熟悉，对相关技术设备的操作流程、步骤和方法不熟悉，这不仅影响了教师参与顶岗实习指导的积极性，同时也很难确保

---

① 周文清. 高职校内生产性实训基地顶岗实习运行机制的探讨［J］. 教育与教学研究，2015（10）：102-104.

顶岗实习的成效。因此，高职院校应建立校内指导教师培训机制，在学生顶岗实习前，针对实习岗位和内容，聘请行业企业工作经验丰富的技术骨干对专业教师进行专业技能操作培训，让校内教师适时掌握行业新技术和工艺，提升教师专业技术水平，为校内顶岗实习的正常运行提供基础性的保障。比如，学校可与合作企业方就实习指导老师培训事宜达成共识，每学期按岗位分批组织校内专业教师进入校内生产性实训基地进行专业技能操作培训。①

（五）建立发展性学生顶岗实习评价机制

发展性学生评价是一种全新的、以促进学生成长和发展为目的的评价机制，是了解校内顶岗实习的实际成效，了解学生顶岗实习的收获情况，同时也是考核实习指导教师工作绩效的有效依据。为了便于观测学生的发展与进步情况，可将顶岗实习分成三个阶段，即岗前、岗中和岗后，建立岗前、岗中和岗后三个阶段相结合的考评体系。岗前考评是指专业教学系根据顶岗实习计划中的岗位设置、实习内容与要求，对拟参加顶岗实习的学生进行摸底考核，了解学生岗前的专业水平；岗中考核是指在顶岗实习过程中，校内外指导教师及实训中心管理人员根据学生的实习态度、工作表现、专业技能以及实习周记等进行的周考评；岗后评价则是在实习结束后，专业教学系、指导老师、实习企业以及实训中心将学生岗前和岗中的考评结果进行汇总，并结合实习工作与任务的整体完成情况对学生进行最终的综合评价，所形成的最终评价结果既反映了学生顶岗实习的成效，也可为评定指导教师工作绩效提供参考。

在高职校内生产性实训基地开展顶岗实习并确保其常态化的有效运行对高职院校加强校内生产性实训基地建设和建立校企深度合作关系有非常重要的作用，同时还有利于促进高职院校实践教学模式的创新和实践教学质量的提高，因此，高职院校应对校内生产性实训基地顶岗实习的正常有序运行引起足够的重视，建立健全校内顶岗实习的运行机制，确保校内顶岗实习的成效，提升学生职业技能和综合职业能力，进而提高学生的就业核心竞争力。②

---

① 周文清. 高职校内生产性实训基地顶岗实习运行机制的探讨［J］. 教育与教学研究，2015（10）：102-104.

② 周文清. 高职校内生产性实训基地顶岗实习运行机制的探讨［J］. 教育与教学研究，2015（10）：102-104.

第八章　高职院校实践教学课程标准建设

　　《国家职业教育改革实施方案》中明确提出要发挥"标准"在职业教育质量提升中的作用，按照专业设置与产业需求对接、课程内容与职业标准对接、教学过程与生产过程对接的要求，进一步完善专业教学标准、建立课程标准等。课程标准作为课程与教学改革的产物，已在我国高职院校全面推行。实践教学是高职院校的重要教学环节，更是专业人才培养方案中的重要组成部分，其中毕业设计和顶岗实习的学时占总学时的1/5，其具体的教学组织与实施也应有一定的标准作为指导。由此，有必要将毕业设计和顶岗实习作为专业核心课程纳入专业课程体系建设，建立并完善其课程标准。

　　课程标准的建立，能确保毕业设计和顶岗实习有章可循，在提升其质量与成效的同时，还可将高职教育教学与社会经济发展需求相对接，使所培养的学生能满足企业发展对技能人才的需求，提升高职学生在社会和行业企业中的认可度。

　　本章主要介绍了高职院校课程标准建设的基本原则与策略，探索了高职院校毕业设计与顶岗实习课程标准的建设框架及其相关要素与内容的要求。

第一节　高职院校课程标准建设的基本内涵

一、高职院校课程标准建设的重要性

(一) 课程标准是现代高职院校高素质人才培养的着力点

随着职业教育在经济社会发展中重要性的日益突出，国家对职业教育的要求也越来越高。《现代职业教育体系建设规划 (2014-2020 年)》中明确指出：现代职业教育是服务经济社会发展需要，面向经济社会发展和生产服务第一线，培养高素质劳动者和技术技能型人才并促进全体劳动者可持续职业发展的教育类型。因此，在现代职业教育理念下，提高人才职业素质是高职院校教育教学改革的重中之重。

课程标准注重学生能力与素质的培养与提高，它将职业素质融入课程教学内容，将素质养成过程与教学过程进行融合，将素质教育贯穿于课程教学的全过程，是高职院校实现高素质人才培养模式的基本着力点。

(二) 课程标准是现代高职院校实现校企深度合作的切入点

高职课程标准是以高职教育的办学定位与目标为依据的，紧扣专业人才培养目标，依照行业的职业标准、企业的用人标准，对学生在知识、技能、能力及素质方面所应达到的最基本要求予以规定。由此，课程标准建设为校企深度合作提供了契机。一方面，高职院校要确保课程标准建设的有效性，就必须与相关行业企业紧密合作，适时了解行业企业发展动态与需求；另一方面，行业企业也希望将自身的要求与需求传达给高职院校，以确保能招到具有一定知识、技能与素质的人才。

(三) 课程标准是现代高职院校符合教育教学质量标准的基石

随着高职教育的超常规发展，数量与质量之间的矛盾引起了社会各界的关注，提高和保证教学质量是高职院校目前需重点关注的问题。

依据美国的费根堡姆 (A. V. Feigenbaum) 所提出的全面质量管理思想，

结构、程序、过程和资源是构建一个组织质量管理体系的关键要素。建立教学活动各环节的质量标准，实现教育质量标准化是构建高职院校教学质量管理体系的关键，同时也是有效开展质量保障活动的关键。

　　课程作为构成高职教学的基本单位，同时也是高职教学质量的重要组成部分，而课程标准是对学生经过某一学段后，"学习结果"和"掌握的特定知识、技能和态度"等的评价依据，是教育教学质量应达到的具体指标，其为高职教学质量标准的确立提供了基本依据。

二、高职院校课程标准建设的基本原则

　　《国家高等职业教育发展规划（2011-2015 年）》中强调，为实现建设学习型社会的战略目标，高等职业教育作为培养高技能人才的主力军，应主动适应经济社会发展需要，为新兴产业的发展和产业结构升级培养数量充足、结构合理、"下得去、用得上、留得住"的高素质技能型专门人才。高素质技能人才的培养是现代高职教育的发展目标和发展导向，同时也是现代高职课程标准建设的出发点和落脚点。由此，高职课程标准建设应做到以下几点：

　　（一）以能力为本位，培养高素质人才

　　能力是指在完成一项或一系列任务过程中所表现出来的综合素质，以及具备这些素质所需的知识、技能。高职课程标准规定的是学生所应达到的最基本的知识、技能和能力要求，是学生应达到的、与行业企业要求相适应的最基本的规范。因此，在高职课程建设过程中应坚持"能力本位"的原则，根据课程本身的性质，确立课程所涉及的专业能力、实践能力和社会能力，进而将相关能力的培养通过多样化的教学方法与课程教学内容相融合，以促进学生职业能力的发展。

　　（二）工学结合，体现行业特色

　　工学结合是实现现代高职院校高素质人才培养的重要途径，工作或职业内容、要求与标准是高职院校课程标准的建设的逻辑起点。将职业与行业标准引入课程标准，将行业与工作岗位所需的知识、能力、素质与课程教学内

容进行有效的融合是高职院校课程标准建设的基本原则。由此，高职课程标准建设应对学生将来面对的"职业行动领域"进行具体描述，同时融入职业资格证书的要求，结合工作岗位要求以定位课程教学目标，课程内容等要素须符合工作岗位专业理论知识、实际工作技能和职业能力的要求。

（三）以学生为中心，凸显学生主体地位

以学生为中心的理念源于美国儿童心理学家和教育家杜威（John Dewey）所提出的"儿童中心论"的观点，强调教育的一切措施应围绕儿童。美国心理学家卡尔·罗杰斯于 1952 年在哈佛大学举办的"课堂教学如何影响人的行为"的研讨会上首次提出了"以学生为中心"的观念，强调教育应尊重学生的个性发展，应能促进学生的全面和谐发展。由此，课程标准的建设应着眼于学生的可持续发展，课程要素及内容都必须符合和满足学生未来工作岗位知识、技能和能力的要求，由传统的关注教师"教什么"向注重学生需要"学什么"转变，突出学生在教学中的主体地位。

第二节　高职院校课程标准建设的策略

课程标准以促进学生个体成长与可持续发展为中心，无论在观念上、内涵上还是在要素上都与传统的课程教学大纲、教学计划存在着很大的区别，因此，高职院校要确保所建课程标准的科学性和有效性。

一、转变课程观念

课程观是人们对课程的认识和看法的总称，包括对课程的本质特性、作用及功能等所持的基本态度与观念。课程观全方位影响着课程改革的进程，不但制约着教学计划、教学大纲的制定，教材的编制，而且影响着实习设备的购置和教法、学法的改革。

当前高职教育的课程设置、内容等的安排并未完全从知识本位、学科本位的课程观中走出来，只强调学科的系统性和理论知识的完整性，只关注知识的传授过程而忽视学生的学习过程，只强调教师是课程的实施主体，而忽视学生是课程的实践主体。课程内容体系的建构是以指定教材为基础的，存在滞后于社会经济和科技发展水平的问题等。这种知识本位、学科本位的课程观严重制约了现代高职教育培养目标的实现以及课程改革的进程。

高职院校的课程改革应以学生职业能力的生成和人的全面发展为核心来展示课程的价值，应以市场境况的变化以及技术的最新发展情况为依据来构建课程的要素，简而言之，就是课程改革要以发展为本位。因此，我们应从传统的知识本位课程观转向发展本位的课程观，根据社会经济和科技发展的需要和人的可持续发展的需要来确定课程内容以及内容的深度、广度等，从而使高职院校的课程改革在发展中取得实质性的效果，达到真正改革的目的。

二、准确把握课程标准的内涵

虽然"课程标准"并不是一个新词，但对于高职院校来说，构建高职课程标准却是一项新挑战。由于对课程标准内涵的把握不准，高职院校在建设课程标准过程中很容易将其与教学大纲混为一谈。有的人认为，课程标准是教学大纲的替代品，两者只是名称上的不同，并无实质上的区别；有的人则认为，课程标准是现行教学大纲和考试大纲的简单相加。

具体来说，课程标准与教学大纲的区别表现在以下几个方面：

（1）目标领域。教学大纲的重点是对教学工作和活动作出明确规定，使教师更加关注知识的传授与学习效果，即关注的是教学结果性目标，而对过程中的学习方法、情感、态度和价值观等的培养则鲜有重视。课程标准除了确立了"过程与方法""情感态度与价值观"等目标领域要求的体验性目标，比如，教学大纲对知识的要求是"了解、理解、掌握、应用"，课程标准同时还强调学生"经历了什么""体会了什么"以及"感受了什么"。

（2）评价方法。教学大纲侧重于对学习结果的评价，同时还重视评价的甄别和筛选功能；课程标准则更注重对学习过程的评价，重视的是评价的发展功能。

三、构建一支工学结合的课程标准开发团队

课程标准从内涵上分为内容标准和考核标准两大部分，其中课程内容标准是对一门课的定位、目标与任务、内容、组织与实施等提出的具体的要求；考核标准则是对这门课在知识、能力、技能等方面提出的"质"与"量"的标准。

课程标准的编制是一项系统而复杂的工程，它不是某一个人所能做到的，它必须集专业教师团队、职业教育课程专家、行业专家于一体来共同开发课程标准。高职院校应组织各专业教研室，深入市场与行业企业进行调研，了解并收集社会及行业企业对人才技能等方面的需求，并吸纳职教课程专家、行业企业专家与技术骨干等，打造一支"校企融合、工学结合"的课程标准编制团队，共同研讨课程知识体系、技能体系以及考核体系的构建，以确保所建课程标准同时具备"质"与"量"，为课程教学组织的实施与考核以及教师的"教"与学生的"学"提供依据。

四、全面提升专业教师素质

专业教师作为课程标准的具体实施者，其在课程标准的开发过程中扮演着非常重要的角色，教师的课程开发能力与素质对课程标准建设的质量与水准起着至关重要的作用。即如何将行业标准、企业对人才的能力需求等转化为课程教学内容及标准；如何科学运用过程评价方法对学生在学习过程的情感态度、价值观以及表现等进行客观的评定。由此，高职院校应全面提升教师素质，使其掌握并能科学地运用工作任务分析方法，解构工作任务，以确定特定课程对应实际工作岗位中的某一环节或部分，科学、合理地选择教学内容，将工作岗位内容与教学内容进行有效融合以建构课程内容体系，以及制定切实可行的考核标准。

五、建立课程标准的评审机制

高职院校建立课程标准的最终目的就是要将它用于指导课程设计、教学组织与实施等，因此所开发的课程标准是否科学、是否合理，能否准确引导教师的教学把控与学生的考核，就需要有一定的衡量标准来对它进行评定。为了确保所开发的课程标准的科学性和合理性，能有效地在实际教学过程中得以实施，高职院校应建立专门的课程标准评价机构，聘请相关行业专家、课程专家等对课程标准进行适时的综合性评定，指出其中的不足并提出改进意见与要求。另外，高职院校还应定期组织对所建课程标准进行即时更新和调整，以避免出现一个标准"一统到底"的现象。

课程标准既是高职院校内部教学质量管理的基石，是教学质量监控和评价的重要依据之一，也是社会和教学利益相关者评价教育质量的重要依据之一。它体现了现代高职院校的管理理念和教学特色，对于进一步推动现代高职的课程与教学改革，促进其培养目标的实现有着重大的意义。

第三节　高职院校毕业设计课程标准建设

毕业设计是提升学生职业能力的重要途径，是体现人才培养特色和强化学生专业能力综合训练的重要教学环节，旨在通过系统训练，培养学生综合运用基础理论、专业知识和专业技能分析解决实际问题的能力。它还能将行业企业生产现场的新知识、新技术、新工艺、新方法有效融入人才培养过程中，有利于提升学生就业、创业和创新能力。毕业设计是与社会经济以及行业企业发展紧密相联的，具有较强的专业特性，高职院校应按专业分别制定毕业设计标准。

一、毕业设计标准编制框架

毕业设计课程标准是组织与实施毕业设计工作的纲领性与指导性文件，是对毕业设计这门课程的教学目标、内容选择、形式与管理、考核与评价等的全面设计与规定，对毕业设计工作的有序开展具有指导、规范等作用。具体内容包括：

（1）课程基本信息。包括课程名称、课程代码、学分、总学时数、开设时间。

（2）课程概述。包括课程性质和课程实施思路两部分。课程性质主要指毕业设计这门课在专业课程体系中的地位及其与其他课程的关系，也包含毕业设计的目标定位，即毕业设计要符合高素质技能人才培养目标和专业相关技术领域职业岗位（群）的任职要求，并且对学生专业技能提升和职业素养养成等能起到主要或明显的促进作用。课程实施思路则需具体说明课程设置的依据、毕业设计内容确定与序化情况及依据，以及设计任务描述与进程安排等。毕业设计课程标准应能充分反映学生所学专业知识和基本技能以及综合运用所学知识进行实际问题解决的能力。

（3）课程目标。课程目标分总体目标和具体目标两部分。总体目标主要阐述毕业设计对学生理论知识的掌握与巩固、专业技能与综合能力提升所起的作用。具体目标是对总体目标的细化，可分为知识目标、能力目标和素质目标三类，主要说明通过毕业设计，学生应了解、熟悉和掌握的基本知识，如概念、原理等，以及所应具备的运用知识解决实际问题的能力，如信息搜集与资料查询、分析与处理能力等。除了理论知识掌握及其运用、提升职业技能外，具体目标还应描述毕业设计对培养学生职业道德、提升其职业素质等方面的作用。

（4）课程内容。根据专业人才培养方案与本专业培养目标，对照专业岗位（群）或典型工作任务、生产生活实际问题等，毕业设计应从能充分体现学生专业技能、职业能力、创新协作等角度来确定选题范围，并明确具体设计任务与内容模块等。鼓励与行业企业合作开发毕业设计课程内容标准，以真实工作任务及工作过程为依据来设计、整合与序化课程内容。具体内容如表8-1所示。

表8-1　××专业学生毕业设计内容

序号	设计选题	选题类型	主要设计任务	成果要求	备注
1	根据相关专业的毕业设计选题指南进行选题	产品设计类、方案设计类、工艺设计类（三选一）	围绕选题描述主要设计任务	成果的主要表现形式及其相关佐证材料	
2					
……					

（5）课程实施。主要描述从选题指导到最后答辩的各个环节的进程安排以及相关要求等。毕业设计一般安排在第三学年实施，包括选题指导与审批、下达任务书、开题、过程指导、答辩与成绩评定等环节。设计进程安排主要是对毕业设计各项任务的时间节点以及阶段性材料进行明确与要求。具体内容如表8-2所示。

表8-2　××专业毕业设计实施进度表

序号	设计任务	主要材料	进程安排
1	依照专业大类的毕业设计选题指南及相关规定，分专业制定选题指南、建立选题库（选题每年更新至少10%）	毕业设计选题指南（近三年毕业设计选题对比）	依据毕业设计的实际情况而定
2	指导老师遴选、安排	指导老师选派办法、指导老师安排表	
3	指导学生选题	学生毕业设计选题审批表	
4	指导老师下达毕业设计任务	毕业设计任务书	
5	毕业设计开题	开题报告书、开题记录表	
6	毕业设计过程指导	毕业设计指导记录表	
7	毕业设计成果（作品）定稿	毕业设计作品、毕业设计说明书、毕业设计评阅记录	
8	毕业设计答辩与成绩评定	答辩工作方案、答辩记录表、毕业设计成绩统计表	

二、毕业设计实施进度相关要素及要求

（一）毕业设计选题指南

选题指南是明确毕业设计方向、确定设计内容的指导性文件。选题是完成毕业设计的第一步，也是至关重要的一步，设计选题的质量在某种意义上来说能决定毕业设计成果的价值和效用。由此，毕业设计选题能实现高职院校所学专业特点及人才培养目标，满足高素质技能人才培养的要求，符合专业教学计划的基本要求，既能使学生获得专业岗位（群）方面的综合能力训练，还能使其专业技能及知识得到进一步巩固、深化和拓展。选题应尽可能结合企业生产实际的需要，具有一定的综合性和典型性，可以解决生产实际问题，以促进教学与生产的有机结合，增加毕业设计选题的实际应用价值。同时，毕业设计选题须保证达到一定的量和质的要求，还要确保设计任务的工作量是每位学生经过努力能在规定时间内保质保量的独立完成的。毕业设计选题指南应根据每年社会经济及专业领域的热点与难点问题进行适时更新。

（二）毕业设计任务书

毕业设计任务书是毕业设计选题确定后，由指导老师围绕选题，经过缜密的思考与精心策划而编写出来的，它既是指导毕业设计的纲领性文件，也是学生开展毕业设计的指导性文件。主要内容包括：选题说明、具体任务、内容描述、时间及进度安排以及成果表现形式等。毕业设计任务书一经下达，指导老师就须根据任务书中的进度安排对学生毕业设计的进展以及任务完成情况等进行检查、指导与评定；学生则须按照毕业设计任务书的要求按时、保质保量地完成各项任务与内容。毕业设计任务书既要保证毕业设计工作有一定的难度和分量，还要保证设计任务与内容具有一定的前瞻性、实用性与专业性，设计进程安排也须合理、切实可行。

（三）毕业设计指导记录

指导老师根据毕业设计任务书中的进程安排定期对学生进行现场指导，检查学生设计任务的完成情况及其质量，及时指出学生在毕业设计过程中存

在的不足与不妥之处，解答学生的疑难问题，并给出修正与改进的意见与技术方法，做好指导记录。指导老师须对每次指导的主题、学生存在的问题与不足，以及给出的意见或技术方法等进行详细记录。

（四）毕业设计说明书

毕业设计说明书须完整地记录设计项目的确定与启动、设计任务的整体规划与实施思路、设计方案的拟定与修订、方案的最终成型、产品（作品）的制作过程，以及最终产品（作品）的特点及其实用价值等。

（五）毕业设计答辩

学生按毕业设计任务书的要求完成毕业设计任务，并提交毕业设计成果（作品）及设计说明书，经指导老师评阅、签字同意后，方可参加答辩。答辩分学生陈述与教师提问两部分。学生主要针对毕业设计的选题背景与意义、设计理论依据与推理过程、解决问题的思路与技术方法、成果（作品）特点等进行陈述。答辩小组根据学生提交的毕业设计说明书以及陈述内容进行提问，所提问题应围绕毕业设计选题的关键问题，并结合该专业的基础知识、基本技能等，难度应当适中。

（六）毕业设计成绩

毕业设计成绩以毕业设计过程及作品质量与答辩结果为依据，根据学生在毕业设计过程中的表现与态度、设计成果（作品）的质量以及答辩结果等情况进行综合评价。

过程考核与评价主要对学生在毕业设计过程中的具体表现与态度、设计任务完成的质量等进行评定。

毕业设计成果（作品）的评定主要从成果（作品）的合理性及实用价值、成果（作品）的完整性与准确性、毕业设计说明书的完整性与规范性等方面来进行评价。

毕业设计答辩的评价主要从学生对整个设计任务及内容的把握情况以及问题回答的准确性等方面来评判。

毕业设计成绩的评定由指导老师和答辩小组共同完成，在对学生的毕业设计进行成绩评定时，严格执行毕业设计评分标准，做到实事求是、客观公正，要防止凭印象打分或看指导老师职称和声望评分的现象，也要防止出现评分过宽或过严的两极分化现象。评分时应注重学生的独立工作能力、工作态度和创新创造意识，既要看学生上交的毕业设计文档材料，也应考虑学生在毕业设计进程中的表现与态度。

第四节　高职院校顶岗实习课程标准建设

顶岗实习是高职人才培养计划中的重要环节，同时也是提升人才专业技术技能与职业综合能力的有效途径，顶岗实习课程标准建设应从顶岗实习的目的、实习岗位与任务设计、实习途径与方法以及实习考核评价等方面进行系统的设计并组织实施。顶岗实习课程标准具体包括以下内容。

一、课程性质

一方面，课程性质应阐述顶岗实习这门课在实现专业人才培养目标、提升技能人才培养质量等方面所起的作用。顶岗实习是高职院校坚持以就业为导向、实施工学结合人才培养模式、提升高素质技术技能人才培养质量的有效途径，是高职院校实践教学的重要环节。通过顶岗实习，学生能将所学专业理论知识、专业技能与岗位工作内容进行有效结合，练就过硬的职业岗位技能。顶岗实习还能帮助学生实现与职业人的无缝对接，从根本上提升高职院校人才培养质量。

另一方面，课程性质还应结合专业特点，阐述顶岗实习对学生个体成长所起的促进作用。顶岗实习是学生已掌握了一定的专业理论知识和基本技能后所进行的一次时长为半年的岗位工作经历，是学生将学校近三年所学的专业理论知识与技能运用到工作岗位及任务中，以企业准员工的身份参与企业的实际生产、管理与服务。顶岗实习，不仅能使学生加深对专业理论知识的理解，能更透彻地掌握并运用专业理论知识来解决实际生产中的问题，同时还可较全面地了解企业的生产、管理以及运营过程，能较直观地、具体地了解企业的生产技术、工艺流程以及设备操作等相关知识和技能，并直接参与企业的组织管理、新技术研发、产品开发与销售，体验企业文化等。总之，顶岗实习能有效提高学生的职业技能和综合能力。

二、课程目标

课程目标的描述应结合专业特点从课程知识目标、能力目标与技能目标三个方面来进行描述。

知识目标主要是指顶岗实习能使学生了解并熟悉行业企业的组织结构形式、企业文化、管理理念、规章制度、岗位设置与职责、用人标准等方面的情况，能帮助学生提前做好企业员工身份的心理准备，提升其适应新环境与新工作的能力。

技能目标是指顶岗实习能使学生在完成实习企业工作任务过程中熟练掌握产品的生产与工艺流程、专业设施设备的操作要领与技术技能等，能培养学生的岗位操作能力，提升学生的职业技能。

能力目标主要是指顶岗实习过程中，学生通过企业岗位的真实体验、工作任务的完成，能有效提升人际交流与沟通能力、团队协作能力、自主思考与学习能力、处理和解决问题的能力等。

三、课程实施时间

《湖南省职业学校学生实习管理实施细则》（湘教发〔2018〕31号）规定，顶岗实习一般安排在毕业年级。据此，在高职院校专业人才培养方案中，顶岗实习一般安排在第三学年的第二学期进行，时长一般为6个月。

四、课程内容

课程内容主要描述实习岗位、实习内容与任务。其中顶岗实习岗位应根据专业特点及其培养目标，分析专业对应的职业岗位（群），结合实习单位的实际情况进行实习岗位的设置。实习内容与任务，则对应岗位工作职责来明确，并对任务进行分解与细化，对保质保量完成这些任务所需专业知识与技术技能、综合职业能力等进行罗列，对所需的职业素养进行明确。

课程内容的确定需由学校和实习合作企业共同商定，以确保所列实习岗位的设置真实、实习任务及内容安排与岗位相匹配、专业技能与职业素养描述准确。具体如表8-3所示。

表8-3　××顶岗实习课程内容

序号	实习岗位	实习时间	实习任务	核心技能	职业素养
1					
2					
……					

五、课程成果

课程成果是指学生顶岗实习的实习成果以及相关文档材料等。实习成果既是学生实习岗位（或流水线上）的半成品，也是实习车间最终的成品，实物成果可以实物图文或照片、产品设计方案或效果图等方式呈现。文档材料是学生顶岗实习结束时须提交的成果材料，如实习周记、顶岗实习报告、实习考核表（实习企业部分）、实习总结等。

六、课程实施条件

1. 实习单位

根据相关文件规定，高职院校应选择社会声誉良好、经营合法、管理规范、实习设备齐全、符合安全生产法律法规要求的单位安排学生实习。经学校同意学生自行选择的顶岗实习单位也应满足以上条件。并对所选实习单位的经营资质、管理现状、生产与设备条件等进行实地考察，以确保实习单位安全可靠。

2. 实习岗位

实习岗位应符合专业培养目标要求，与学生所学专业对口或相近。

3. 设施条件

承接学生顶岗实习的企业应具备学生实习所需的设施设备、固定的工作场所、必需的食宿条件以及健全的安全生产及防护机制，并能保障学生实习期间的工作、生活及人身安全。

4. 指导老师

高职院校和实习企业应分别选派经验丰富、业务素质高、能力强、责任心强的老师、专业技术人员或管理人员对实习学生的日常进行共同管理和全程指导。

（1）学校指导老师应具备以下条件：

①具有讲师或等同于中级及以上水平的专业技术职称。

②具有累积3个月及以上的企业实践经历。

（2）企业指导老师应具备以下条件：

①具有初级及以上技术技能等级或职业资格证书。

②具有三年及以上本行业的工作经历。

5. 其他

（1）对实习单位的遴选、实习学生的待遇、实习管理等方面进行具体描述。

（2）基本待遇：依据《职业学校学生实习管理规定》（教职成〔2016〕3号）中的相关规定，接收学生顶岗实习的实习单位，应参考本单位相同岗位的报酬标准和顶岗实习学生的工作量、工作强度、工作时间等因素，合理确定顶岗实习报酬，原则上不低于本单位相同岗位试用期工资标准的80%，并按照实习协议约定，以货币形式及时、足额支付给学生。

（3）实习人数比例：顶岗实习学生的人数不超过实习单位在岗职工总数的10%，在具体岗位顶岗实习的学生人数不高于同类岗位在岗职工总人数的 20%。

七、课程考核评价

1. 考核内容

实习考核分为实习单位考核与学校考核两部分。其中，实习单位考核主要由所在实习单位指导老师负责，考核重点是实习学生的纪律（态度与表现）、职业技能和职业素养。学校考核主要由校内指导老师负责，考核重点是实习生的实习纪律（态度与表现）、实习周记、实习报告以及实习任务完成情况。考核结果分优秀、良好、合格和不合格四个等次，考核合格及以上等次的学生获得学分，并纳入学籍档案。实习考核不合格者，不予毕业。

2. 考核形式

实习考核采取过程性评价与终结性评价相结合的方式，对实习学生在实习过程中的态度、表现、任务完成情况等进行综合性考核。

第九章　高职院校实践教学质量及评价概述

《教育部关于全面提高高等职业教育教学质量的若干意见》（教高〔2006〕16号）明确提出：高等职业教育作为高等教育发展中的一个类型，肩负着培养面向生产、建设、服务和管理第一线需要的高技能人才的使命，在我国加快推进社会主义现代化建设进程中具有不可替代的作用。高职院校应深刻认识全面提高教学质量是实施科教兴国战略的必然要求，也是高等职业教育自身发展的客观要求。为贯彻《国务院关于加快发展现代职业教育的决定》，建立常态化的职业院校自主保证人才培养质量的机制，2015年，教育部颁布了《教育部办公厅关于建立职业院校教学工作诊断与改进制度的通知》（教职成厅〔2015〕2号），明确提出：提高技术技能人才培养质量是发展现代职业教育的基本任务，是职业教育主动适应经济发展新常态、服务中国制造2025、创造更大人才红利的重要抓手。不断完善内部质量保证制度体系和运行机制，是持续提高技术技能人才培养质量的重要举措和制度安排，对加快发展现代职业教育具有重要意义。鉴于此，高职院校有必要积极探索先进的教学质量管理与评价新理念、新技术，以促进其教学质量持续提升。

本章主要明晰了与质量相关的概念，阐述了全面质量管理理论的定义及其在高职实践教学质量管理中的运用，介绍了教学评价的主要类型。

第一节　关于质量的概述

一、质量

什么是质量?《辞海》对质量的定义是"产品或工作的优劣程度"。

现代质量管理之父、质量管理大师美国的爱德华兹·戴明博士认为"质量散布在生产系统的所有层面",即质量形成于全过程,并提出了质量"管理要点"。[①]

美国著名的质量管理专家约瑟夫·朱兰从用户的使用角度出发,把质量的定义概括为产品的"适用性",即"产品在使用时能成功地满足用户需要的程度"[②]。这是以满足顾客需要的程度作为衡量质量的依据。

被誉为美国著名的质量管理家、全球质量运动的推动者菲利普·克劳士比认为质量就是"零缺陷",并提出了"第一次就把事情做对"的质量管理思想。质量管理的核心是预防而不是补救。他的这些思想被认为"改变了美国人做人做事的方式"。[③]

国际标准化组织（ISO）在ISO9000：2000质量管理体系标准中,对质量的解说极为简单,即"一组固有特性满足要求的程度"。对"质量"和"固有的"的注释为：（1）"质量"可使用形容词如"差""好"或"优秀"来修饰；（2）"固有的"的（其反义是"赋予的"）就是指在某事或某物中本来就有的,尤其是那种永久的特性。

从以上定义中可得出：质量不仅仅表现在事物的最终结果上,而且还散

[①] ［美］爱德华兹·戴明. 戴明论质量管理 [M]. 钟汉清,戴永久,译. 海南：海南出版社,2003.

[②] 中华人民共和国国家质量监督检验检疫总局质量司. 质量专业理论与实务 [M]. 北京：中国人事出版社,2001.

[③] ［美］菲利普·克劳士比. 质量无泪 [M]. 北京克劳士比管理顾问中心,译. 北京：中国财政经济出版社,2002.

布在产品形成的整个过程中；质量不仅要满足现实的需要，同时还延伸至满足未来的需要，具有一定的持续性。[①]

二、高等教育质量

英国学者格林将目前关于高等教育质量的定义划分为六种：①传统的质量观：强调产品或服务应当与众不同、特色鲜明和高标准，但往往成本昂贵或所有资源稀缺，一般人无缘消受。因此，传统的质量概念中隐含着"排他性"。②把质量与预定规格和标准的一致性作为依据，使不同类型的院校可能设定不同的质量标准。③高等教育的质量应与高等教育目的一致，质量是对产品（服务）达到目的或目标程度的裁定。按照这一观点，不同层次和类型的高等学校质量应当根据其办学目的或目标来评定。④把质量定义在实现高校办学目标的有效性上，一所高质量的院校应当能够清楚地阐明自己的使命或办学目标，并且能够在达到目标的过程中取得效率和效益。⑤把质量定义为以高校能否满足雇主（即学生及其家长、社会和政府等）规定的和潜在的需要。⑥实用主义认为高等教育质量是个相对的概念，不同的利益群体或利益关系人关注的重点不同。例如教师和学生关注的是教育过程的质量，而雇主更关注高等教育的结果。因此，高等教育质量没有统一的界定，它应该是复数。[②]

我国学者就教育质量问题也进行了一定的探讨，学者们对质量问题表现出了极大的关注和热情。例如：我国学者顾明远认为教育质量是"教育水平的高低和效果优劣的程度"，"最终体现在培养对象的质量上"；[③] 一些专家学者从企业的质量概念中得到启示，认为高等教育质量特指教育的产品（学生），而不是指生产出这些产品的资源和过程，即"产品质量"。

而随着高等教育从精英教育向大众教育的转变，人们对高等教育质量问

---

① 周文清. 高等职业教育质量保障体系比较研究 [D]. 长沙：湖南师范大学，2009.

② Diana Green. What is quality in higher education? [M]. SRHE and Open University Press，1994：12-17.

③ 顾明远. 教育大辞典增订合订本 [M]. 上海：上海教育出版社，1998：798.

题有了新的观点和认识。有人认为，高等教育质量应包含三个方面：一是社会用人单位对毕业生的满意程度，即"社会质量"；二是学生对高等学校教育的满意程度，即"内部质量"；三是教育管理者、实施者对教育工作的满意程度，即"工作质量"。① 还有学者从高等教育的服务性角度，提出高等教育质量应指向高等教育及其产出满足其服务需求者的需求程度。也有学者认为，高等教育质量是高等教育机构在遵循教育自身规律和科学发展逻辑的基础上，在既定的社会条件下培养的学生、创造的知识以及提供的服务符合学校教育目标、满足现在和未来的社会发展需要和学生个性发展需要的充分程度。②

综上所述，教育质量从实施教育的主体来看，是教育机构的办学水平和教学水平符合教育目的或目标要求的程度；从教育结果来看，教育质量是指教育机构满足个人全面发展需要的程度和所培养的人才满足现在和未来社会发展需要的程度。③

三、高等职业教育质量

有学者提出，高职教育的质量主要体现在以下两个层面：一是满足学生个人需求的程度，即高职高专院校的专业设置、师资水平等要满足受教育者的求学和就业需求以及可持续发展的需求；二是满足经济社会需求的程度，即高职高专教育的教学内容、教学大纲、课程安排、教学过程等要满足用人单位的需求以及高职高专院校自身可持续发展的需求。因此，满足了学生个人和经济社会的双重需求，则体现了高职高专教育质量内涵。④

显然，上述关于高职高专教育质量的定义是以高职教育的目标定位为依据的。高职教育是以服务地方社会经济发展为主要任务，培养社会经济生产

① 肖化移. 审视高等职业教育的质量与标准 [M]. 上海：华东师范大学出版社，2005 (9)：12.
② 田恩舜. 高等教育质量保证模式研究 [M]. 青岛：中国海洋大学出版社，2007.
③ 周文清. 高等职业教育质量保障体系比较研究 [D]. 长沙：湖南师范大学，2009.
④ 郭扬. 监控与评价——高职高专教育教学质量研究 [M]. 北京：中国科学技术出版社，2004：45.

一线的技术、管理、建设与服务的高素质技术技能人才为目的的，那么其质量应具体体现在是否能满足社会经济发展的需要上。

由此，高等职业教育质量的概念可简单地概括为：高职教育在满足个体形成高素质技术技能水平的基础上，满足社会经济发展对人才的需求的程度。

四、高职教育实践教学质量

实践教学是以培养和提升学生专业技能和综合职业能力为目标的教学环节，高职实践教学质量应至少包括"服务质量"和"产品质量"两个方面。

1. 服务质量

实践教学是对一门或几门专业课程理论知识的综合性运用与实践，考查的是学生运用知识与技能解决实际问题的综合能力。因此，其服务质量指的是实训指导老师所设计的实训项目、实践教学大纲和实践教学过程中师生间的交互活动以及实践教学管理人员及其活动等满足学生需要的程度。

2. 产品质量

实践教学目的是让学生熟悉并掌握某个或某类职业岗位的工作程序，培养其完成工作任务的基本技能、职业能力以及应对突发事件所具有的综合能力。因此，其产品质量指的是通过实践教学活动的实施，使学生知识、技能、素质和能力等得到提升的程度。[1]

除此之外，根据实践教学的本质特征与实施条件要求，实践教学质量还应包括"输入质量"，即开展实践教学所需教学资源及条件的质量，如实践教学所需的设施设备、实训室（基地）及工位数，以及实践教学师资队伍等的质量。因为实践教学服务质量的高低与教学设施设备的先进与否、实习实训基地数量足够与否以及实训指导老师的指导能力与水平的高低等因素密切相关。[2]

---

① 周文清. 对高职院校实训教学质量及其管理的思考与建议 [J]. 职教通讯，2013 (21)：59-61.
② 周文清. 对高职院校实训教学质量及其管理的思考与建议 [J]. 职教通讯，2013 (21)：59-61.

第二节　质量管理的内涵

一、质量管理的定义

什么是质量管理？美国著名质量管理专家约瑟夫·朱兰博士给出的定义是：质量管理乃是制定与贯彻质量标准方法的综合体系。

全面质量控制之父阿曼德·费根堡姆认为：质量管理是为了能够在最经济的水平上并考虑到充分满足顾客要求的条件下进行市场研究、设计、制造和售后服务，把企业内各部门的研制质量、维持质量和提高质量的活动构成为一体的一种有效的体系。

除此之外，国际标准和国家标准给质量管理下的定义是：在质量方面指挥和控制组织的协调的活动。

国际标准化组织（ISO）在 ISO8402《质量管理与质量保证——术语》中，将质量管理的含义进行了扩展：质量管理是指确定质量方针、目标和职责，并通过质量体系中的质量策划、质量控制、质量保证和质量改进来使其实现的所有管理职能的全部活动。

也有学者认为，质量管理是指对确定和达到质量要求所必需的职能和活动的管理，是在质量方面指挥和控制组织的协调的活动[①]。质量管理是以现有的评价体系为基础，通过改进质量目标与标准、管理职能、过程控制以及方法与手段等，进而达到质量管理的目的的。

综上所述，质量管理是指为了实现质量目标而对质量形成过程中的各要素、各环节所开展的一系列控制活动。教学质量管理则是学校为了实现教学质量目标，运用一定的技术方法与手段，对整个教学活动进行质量的监督和控制，以确保质量的达标。

---

① 赵有生. 现代企业管理［M］. 北京：清华大学出版社，2012（6）：164.

二、全面质量管理理论的内涵

（一）全面质理管理理论即 TQM（Total Quality Management）的定义

美国管理学家斯特里克兰（Strickland）给全面质量管理下了一个较全面的定义，认为 TQM 既是一种管理科学，又包含了一系列的指导原则，它是运用定量方法，并充分调动人力资源因素，持续不断地改善当前和未来一段时间企业的生产过程、供应链管理、服务与顾客满意度等的管理方法。[①]

国际标准化组织（ISO）曾在 ISO8402：1990《质量管理和质量保证——术语》中，将 TQM 定义为：一个组织以质量为中心，以全员参与为基础，目的在于通过让顾客满意和本组织所有成员及社会受益而达到长期成功的管理途径。

全面质量管理是一种新的质量管理理念，是指企业的一切活动都是围绕提升产品质量，提升顾客满意度来开展的，是对企业产品生产及质量实施全员、全过程、全方位的监控，其目的是确保生产产品的品质。

（二）全面质量管理理论在高职实践教学中的运用

全面质量管理强调的是全员、全过程和全方位参与的质量管理。实践教学质量是高职院校教学质量的重要组成部分，它直接关系到高职院校人才质量目标的实现。在某种意义上可以说，实践教学质量决定了高职教育的特征和高职院校所培养人才的质量。在全面质量管理理论的指导下，高职院校要充分调动学校的多种力量，以建立一个多元参与的对实践教学质量及其形成的全过程进行监控的质量管理体系。

1. 全员参与的实践教学质量保证

实践教学质量是确保高职高技能人才培养目标实现的重要途径，要树立实践教学质量保证人人有责的意识，建立健全实践教学管理制度与机制，明确各部门在实践教学质量保障与管理中的职责与义务，加强各部门人员的质

---

① 贾志敏. 全面质量管理在美英高等教育中的应用及启示 [J]. 西安电子科技大学学报（社会科学版），2004（1）：133-138.

量管理与控制的理论学习，提升其管理素质与水平，积极参与实践教学质量的监管，这样才能从根本上确保实践教学的质量。

2. 全过程监管的实践教学质量保证

实践教学质量与实践教学的前期准备、教师的教学指导以及学生的参与密切相关。由此，应对实践教学的全过程，即对教学资源与条件的支持情况、教师教学行为以及学生的参与进行监管。其中，教学资源与条件具体包括：实训室数量及工位数是否能满足教学需求、实训设施设备的数量是否足够、设备是否完好且运行正常、校外实习实训基地是否能满足学生实习需求、实践教学过程监管机制是否完善等；教师的教学行为则包括：教学文本如实践教学大纲、实践（实训）指导书等的准备，教学过程中的教学技能与实践能力，如专业理论知识的讲解、专业技能的演练与指导等；学生的参与行为则主要包括学生参与实践操作的积极性与准确性、实践任务的完成度等。

3. 全方位把控的实践教学质量保证

对实践教学质量实施全方位的监控，是指多元主体参与对实践教学的全过程的监管。第一是指实施质量评价与管理的主体由学校各相关部门的管理人员、教师同行、督导以及学生组成；第二是指不同主体分别从不同视角与不同方面，对实践教学及其质量进行评价；第三是指对实践教学从前期准备到教学的具体组织与实施等全过程中各环节、各要素的质与量进行评价，对各参与主体的行为表现等进行全面而客观的记录，形成评价数据以评判学生的课程理论知识掌握是否牢固，知识运用能力是否有提升，专项操作技能是否更熟练等。

第三节　教学评价的内涵与类型

一、教学评价的定义

什么是评价？《新华字典》对评价的解释为"对事物估定其价值"。《现代汉语词典》则把评价界定为"评定价值高低"。由此可得出,评价是对事物或事件的价值进行判断的活动。

何谓教学评价?教学评价是指以教学为对象,根据教学目的和教学规律、原则,利用所有可行的评价技术,不断揭示教学现象和教学目标的关系,并且赋予其价值上的判断,从而给出反馈信息,指导教学,实现教学目标的过程。[①] 简单地说,教学评价是对教学活动所进行的价值判断。

二、教学评价的作用

(一)检测教学成效

对教学结果及成效进行检测,是教学评价的一项重要功能。教师的教学与学生的学习决定了教学最终的成效,督导评价、同行评价和学生评价等,可检测教师的实践教学水平和能力、专业技术操作水平、教学传授过程的把控能力等;期末测验、现场操练等评价手段,则可检测学生对教学内容的掌握程度、技能操作原理及流程的熟悉程度、专业实际操作水平等。通过运用多样化的教学评价技术,可了解并掌握教学及其成效的真实情况。

(二)诊断教学问题

诊断是一个发现问题与分析问题的过程。通过教学评价,管理人员及教师本人可以了解实践教学及其过程中存在的不足与问题,如实训项目的设计是否合理、教学的难点与重点是否讲授到位、技能操作要领与流程设计是否准确、实际指导是否到位,也可了解学生参与的状况与表现,以及学生技能掌握与知识运用等方面的问题,并提出有关教学改进与问题解决的建议与方法。

(三)改进教学模式

教学评价能引导教学朝着全面促进学生发展、提升学生专业技能与职业能力的方向进行改进与完善,根据评价结果及反馈意见,引导教师及时调整教学内容与教学进度、改变教学方法与策略、优化教学项目与教学设计、完

① 卢双坡. 我国高校课堂教学评价探析 [J]. 黑龙江教育(高教研究与评估),2009(5):83-85.

善技能操作流程等，使教学的组织与实施符合既定的教学目标的要求。

三、教学评价的主要类型

根据评价目的、功能的不同，可将教学评价分为形成性评价、过程性评价、终结性评价和发展性评价。

（一）形成性评价

形成性评价，最早是由美国著名的评价专家斯克里文在其所著的《评价方法论》中首次提出的。他认为，形成性评价是通过诊断教育方案或计划、教育过程与教育活动中存在的问题，为正在进行的教育活动提供反馈信息，以提高实践中正在进行的教育活动的质量的评价。形成性评价不以区分评价对象的优良程度为目的，不重视对被评价对象进行分等鉴定。谢波德（L. Shepard）等学者认为，形成性评价是在教学过程中为改善教学或学习而进行的评价。

布卢姆曾经指出，"形成性评价就是在课程编制、教学和学习过程中使用系统性评价，以使对这三个过程中的任何一个过程加以改进"，"形成性评价的主要目的不是给学习者评定成绩或作证明，而是既帮助学习者也帮助教师把注意力集中在达到掌握程度所必须具备的特定知识上"[①]。

英国评价改革小组对形成性评价给出的定义是："形成性评价就是由学习者和教师在学习和教学过程中搜集和分析相关信息，以判断学习者现今的学习状况，决定学习者该努力的方向和如何达成目标的一个过程。[②]

总的来说，形成性评价的最终目的是改进教师的教学活动，它通过对课程教学过程中相关信息的搜集与分析以评判学习效果与教学目标之间的偏差，使教师及时调整教学活动，提升教学质量。形成性评价所强调的是评价的诊断与改进功能。

---

① ［美］B. S. 布卢姆，等. 教育评价［M］. 邱渊，王钢，等，译. 上海：华东师范大学出版社，1987.

② 拜得兰，于宏伟. 形成性评价及其研究综述［J］. 读与写杂志，2015（6）：32.

（二）过程性评价

过程性评价是在教学过程中对学生学习的各类信息加以即时、动态的解释，借以优化学习过程、调整教学策略，从而实现教学过程增值的活动。[①]也有学者将过程性评价称之为"为了学习的评价"，是与整个学习过程相伴的，评价主要是为"学生的学习提供依据，注重让学生明白自己达到标准的过程，以及如何取得进步和深入学习"[②]。

在此认为，过程性评价的目的是提升整个教学过程的价值，是通过对学生的学习过程的表现与状态的反映，引导教师优化其教学策略，以引导学生更好地参与教学过程。过程性评价既注重学习成果的价值，又注重学习的过程，所强调的是评价的导向功能。

（三）终结性评价

终结性评价是在某一相对完整的教育阶段结束后，对整个教育目标实现的程度作出的评价，也称为结果性评价。它以预先设定的教育目标为基准，[③]考查学生达成目标的程度。

终结性评价也被称为结果性评价，通常是在教学过程结束后进行的，主要形式有学期阶段性考试、期末测试或考核等，其目的是检验某一教学阶段的学习成效与成果。终结性评价所强调的是评价的选拔与鉴别功能。

（四）发展性评价

关于发展，《辞海》中对"发展"的解释是"指事物由小到大，由简到繁，由低级到高级，由旧质到新质的运动变化过程。"

发展性评价是以被评价者的素质全面发展为目标，正确地判断每个被评价者的不同特点及其发展潜力，并通过对被评价者发展状况的关键资料的分析，提出激励与改进建议，其目的是更有利于被评价者的后继发展。[④]

发展性评价是以充分发挥评价对学生学习与发展的促进作用为根本出发

[①] 张曙光. 过程性评价的哲学诠释 ［J］. 齐鲁学刊, 2012 (4)：69-73.

[②] Stiggins, R. J. Promoting Sound Assessment in Every Classroom ［R］. ETS International Conference, 2005.

[③] Kibble JD. Best practices in summative assessment ［J］. Adv Physiol Educ 2017, 41 (1)：110-119.

[④] 林少杰. 发展性评价的认识 ［J］. 现代教育论丛, 2003 (6)：26-30.

点，以融合教学与评价为基础和核心，以教师运用评价工具不断开展行动研究和反思，从而改进其教学和课程设计为中介或途径，并最终促进学生、教师、教学以及课程共同发展的评价。①

综上所述，发展性评价是相对于终结性评价而言的，是一种不以等级划分、奖惩为目的，而是以人的价值和促进人的全面发展为核心，以个体的基础水平为出发点，以促进个体全面发展为目的，关注个体的各方面的差异，通过收集并分析个体在教学活动中参与状态和表现等信息，针对不同个体而实施针对性的策略，以实现个体更好发展的评价方法。发展性评价所强调的是评价的激励与促进功能。

---

① 于开莲. 发展性评价与相关评价概念辨析 [J]. 当代教育论坛，2007（3）：36-38.

第十章　高职院校实训教学质量的管理及模式

实训教学作为高职院校教育教学的特色所在，是提高学生职业技能的必要途径，也是培养学生良好职业道德和素养的有效手段，在高职院校教学中占有非常重要的地位，其质量直接影响到高职院校人才培养的整体质量。

本章主要阐述了高职院校实训教学的深刻内涵，分析了当前高职院校实训教学质量管理存在的问题，探索了高职院校实训教学质量管理的改进策略，并从"增值"的视角，探索了高职院校实训教学质量管理模式的建构。

第一节　高职院校实训教学质量管理的现状

一、实训教学的内涵

实训教学是高职院校实践教学的一种形式，也是由教师的"教"和学生的"学"所共同组成的一种人才培养活动。教师通过这种活动，将知识与技能有计划、有目的、有组织地传授给学生，而学生通过这种活动，可获得自己所需的知识与技能，从而使自身的多种素质得到提高。

实训教学，与理论教学具有同等重要的地位，是高职院校根据专业教学特点，为培养学生的基本技能、职业能力和综合应用能力以及创造创新能力而设置的独立教学环节。

实训教学是教师通过借助一定的教学条件或资源，如实训设施设备、校内外实训基地（室）等，根据专业岗位（群）特点以及所学专业知识来设计实训项目或任务，并有计划、有目的、有组织地引导学生来实施项目或任务，以达到提升学生能力和素质的目的。

高职院校的实训教学主要包括课程实训、综合技能实训、生产性实训和顶岗实习四种形式。[①]

二、高职院校实训教学质量管理存在的问题

目前，绝大多数高职院校越来越注重教学基础条件建设，不断改善实训教学条件，注重学生知识的传授和专业技能的培养等。但是，由于一直以来受传统的单纯的"产品质量观"的影响，以及对实训教学在人才培养中的重要性的认识不够，高职院校在实训教学质量管理方面仍存在严重不足。

（一）实训教学各要素的质量无保证

影响实训教学整体教学质量的因素有很多，主要包括：实训指导教师、实训项目与任务、实训教学条件等。

（1）一直以来，高职院校的实训专业教师以及"双师型"教师的数量严重不足，部分专业理论教师也承担着实训教学的指导任务，但绝大多数高职院校教师都是从学校到学校，缺乏企业的实际工作岗位经验，再加上高职院校不注重新进教师的实践技能的培训，导致他们不熟悉实训教学设施设备的操作技巧，特别是那些先进的、新技术含量高的设备。

（2）实训项目与任务是实现实训教学项目化的基础，通常需结合行业企业生产、经营及管理的实际，根据专业课程知识及其对应的岗位职业技能与能力培养目标等综合性地开发或设计一系列的项目任务与内容，但由于实训教师自身行业企业经验与实践技能的缺失，只能凭借理论知识来设计千篇一律的实训项目或任务，这不仅不能满足行业企业岗位工作的实际需要，也难以满足学生多样化、个性化的技能发展需求。

---

① 周文清. 对高职院校实训教学质量及其管理的思考与建议［J］. 职教通讯，2013（21）：59-61.

（3）实训教学条件是指开展实训教学的主要场所，目前高职院校的实训教学条件建设一直是一个薄弱环节，实训教学软硬件建设处于滞后状态，专业实训室配置不均衡，部分专业的实训室数量及工位数严重不足、实训设施设备陈旧等，再加上高职院校与相关行业企业的合作较少，校外实习实训基地数量也较少，学生实习实训岗位严重不足等。

实训教学各要素无法保证，严重影响了实训教学的质量。

（二）实训教学的过程无人监管

（1）高职院校普遍采取的是目标管理模式，即只看最终的实训结果，这就使得在日常的教学组织中，实训教师忽视对学生参与实训教学过程的监管，进而出现不管是在校内专业实训室还是在校企合作共建的生产性实习实训基地进行的实训（习）项目或任务，都存在一个共同的现象，即实训指导教师在布置实训项目或任务后，就会因各种原因而很少甚至是不参与学生实训过程的管理或指导。①

（2）在校企合作共建实训基地开展的学生实习实训项目也因管理体制、运行及保障机制的不完善或缺失，以及合作企业方虽应学校要求选派了指导老师，但很少真正地参与学生实习实训过程的管理，而学校教学管理部门也由于人手、岗位设置等无法做到对实训教学进行全过程跟踪、全程监控与管理。

实训教学的过程无人监管，使学生基本上处于一种"放羊"的状态，实训教学质量受到了很大的影响。

第二节　高职院校实训教学质量管理的改进

实训教学质量对于高职院校来说是相当重要的，它是高职院校实现其人才培养目标的重要途径，同时，也是彰显职业教育特色的关键所在。只有正确认识质量及其内涵，树立全面的高职教育质量观，加强实训教学资源保障，

---

① 周文清. 对高职院校实训教学质量及其管理的思考与建议［J］. 职教通讯，2013（21）：59-61.

并佐以先进的全面质量管理思想，才能确保实训教学质量的持续提升和质量管理活动的规范与有效。

一、更新理念，树立全面的高职教育质量观

高职教育质量观是随着社会和市场对人才要求的改变而改变的。随着我国高等教育大众化进程的加快，社会和市场对人才的要求从精英教育阶段的纯知识、纯技能，发展到大众化阶段知识、技能与素质三者缺一不可。人才观的这种改变必将促使教育质量观发生质的改变。因此，在大众化阶段，高等职业教育要实现服务社会经济发展和科技进步，满足不断变化的市场需求的目标以及实现自身可持续发展的目标，就须尽快转变其传统的质量观，树立全面的教育质量观，并以此来指导和管理高等职业教育教学。

所谓全面的高职教育质量观，包含了教育输入质量、教育过程质量和教育输出质量三方面相互联系的内容。

（1）教育输入质量指的是指导与实施教学活动所需的各种要素与资源的质量，它包括办学理念、人才培养模式、教学设施设备、师资队伍、专业设置与培养计划、生源、管理制度等。①

（2）教育过程质量指的是教学活动（包括课堂教学与实训教学）的组织、安排与实施、教学管理活动、素质提升教育等方面的效果以及教学服务质量，即教育需求主体对所体验的教学服务与其预期之间的比较。

（3）教育输出质量指的是所培养的人才质量，即人才在知识、技能、素质等方面的发展程度，以及其满足市场需求的程度。教育输入、教育过程和教育输出是高职教育实现其人才培养目标的完整过程，三者缺一不可。因此，只有充分考虑这三个方面的质量，才能从真正意义上确保全面的教育质量。

---

① 周文清. 对高职院校实训教学质量及其管理的思考与建议［J］. 职教通讯，2013（21）：59-61.

二、领会先进质量管理思想,实施实训教学全面管理

随着现代科学技术的发展以及人们对质量认识的不断提高,质量管理思想也从以控制不合格产品出厂为目的的产品质量检验阶段,发展到以控制和预防缺陷为目的的统计质量控制阶段,再发展到现在被很多企业所运用的以质量为中心,以全员参与为基础,对产品和服务全过程控制的全面质量管理阶段。全面质量管理较之其他的质量管理,其最大也是最重要的特点就是它的"三全":

(1)管理的内容不仅包括产品本身的质量,还包括与产品质量有关的工序质量和工作质量。

(2)企业全体人员都参与质量管理。

(3)实施全过程的质量监控,即对产品的设计、制造、辅助生产、供应服务、销售直至使用的全过程实施质量监控。

高职院校就如同企业,它从招收学生入校,经三年的教学,再到送学生进入企业的人才培养过程,就如同企业生产从劳动力、资源与技术的输入,经生产加工再到输出产品的生产过程。而实训教学活动就如同企业产品生产加工工序中的一道重要工序,没有了这道工序,产品最终将无法成为产品,或难以达到既定的质量要求。因此,高职院校要实现其培养人才的目的并彰显职业教育的特色,就须借鉴企业的全面质量管理思想,并将之有效地运用于实训教学管理当中。[①]

三、加大实训教学软硬件建设,增强实训教学资源保障

所有教学活动的顺利与有效开展都离不开一定的教学条件和资源,如师资、教学场地、教材、现代化的教学设备等。实训教学条件和资源可分为软件和硬件两个部分。

---

① 周文清. 对高职院校实训教学质量及其管理的思考与建议 [J]. 职教通讯,2013 (21):59-61.

1. 软件建设

软件建设包括：（1）实训指导教师队伍建设，要建设一支能满足实训教学要求的，既懂专业理论知识，又具有行业企业专业技能的教师队伍；（2）实训教学管理建设，包括管理人员的配备、管理制度的建设、管理机构的设置等。

2. 硬件建设

硬件建设包括实训设施设备与基地建设等内容。而在当前形势下，实训基地的建设也日益彰显其重要地位。它是检验高职院校所培养人才与社会需求之间契合度的一个重要标杆，也是改进或调整教学内容和方式的一个助推器。

高职院校必须充分认识到实训教学的重要性，加强"双师型"教师队伍建设、完善实训教学管理制度、加强校企合作开展共建校内（外）实习实训基地；同时，加大经费投入，有计划地更新实训设施设备，为实训教学活动的有效开展提供必要的教学资源保障①。

第三节　高职院校实训教学质量 "增值" 管理模式

教学质量管理是依据事先制定的一系列质量标准与目标，通过全体师生员工的积极参与，认真地实施并不断改进教学计划和教学模式、完善教学内容，不断解决质量问题，从而达到预定的教学质量标准，一步步地实现人才培养目标的阶梯式过程。

实训教学是学生专业技能、综合素质培养与提升的主要途径，学生通过参与实训教学活动以实现个人价值的"增值"。由此，高职院校在实施实训教学质量管理过程中，可引入"增值"理念。通过学生个体各方面的"增值"来客观而公平地评判实训教学质量，有利于克服传统质量管理存在的弊

---

① 周文清. 对高职院校实训教学质量及其管理的思考与建议［J］. 职教通讯，2013（21）：59-61.

端，对规范实训教学、提高实训教学管理水平有一定的促进作用。[①]

一、实训教学质量"增值"的学理分析

实训教学作为高职院校培养学生职业能力、综合应用能力以及创造创新能力的教学环节，是一个由输入、过程和输出构成的独立的教学系统。根据《第五项修炼》的说法，系统是一系列相互联系的实体，这些实体接受输入，然后通过转换增加价值，产生输出，来完成所设定的系统目的、使命或目标。过程是指获得结果的一系列活动，系统接受输入，通过某些过程增加价值并产出输出。[②] 全面质量管理理论也认为，质量形成于生产的全过程，过程由输入、输出和转化活动这三个要素组成。输入是施加给活动的条件与基础，输出是活动给予环境的作用，两者之间的转化过程应是一个增值的过程，每个过程都在一定程度上影响着产品的最终质量。

（一）实训教学的输入、过程、输出

实训教学的输入可理解为开展实训教学所必需的基本条件与要求，包括实训教学场地与设备、教师、实训教学目标、实训教学内容以及实训教学质量管理的顾客和相关利益方对实训教学质量的各种需求等构成的信息源。

过程是进行某项事情所经过的阶段和程序。质量管理中的过程是指在输入资源或条件的基础上为实现预期目标或达到预期结果而进行的一系列相互关联与影响的活动。实训教学的过程是指实训项目（任务）的落实、教学活动的组织形式、指导与管理、学生的参与以及对实训教学实施过程的监控与评价等。

输出可理解为实训教学的结果与成效，包括实训项目的有效完成、教学目标的实现、各种需求的满足以及学生在知识、技能和能力等方面的收获等。

（二）"输入—过程—输出"的增值机理

全面的质量管理要求高校教学质量管理是一个"价值增值"的活动过

---

① 周文清. 增值理念下高职院校实训教学质量管理模式的探索［J］. 机械职业教育，2014（5）：60-62.

② ［美］洛丝特. 全面质量管理［M］. 李晓光，等，译，北京：中国人民大学出版社，1999：20.

程，上述实训教学的"输入—过程—输出"转化活动本质上就是一种价值增值活动。①

就学生个体而言，在接受实训教学之前，学生理论知识与专业技能之间是处于一种分离的状态，并且其职业技术与能力、职业素养以及其他能力等都处于一个较低的水平或缺失状态，而实训教学过程的有效实施，可以帮助其实现知识与能力的对接，有助于提高其职业技能、职业能力和职业素养，从而实现个体价值的增值，也就是说，输出与输入相比，学生在知识、技能、素养等方面都有了不同程度的进步和提高，价值得到了增加。

就高职院校而言，通过输入一定的实训教学设施、设备、师资等，经过实训教学活动的具体实施，将知识水平、专业技能、职业能力等都处于较低水平的学生，培养成能满足个体发展需求、家庭、行业企业以及社会的高素质人才，从而使学生就业率和社会满意度得到提高，高职院校自身的社会知名度和声誉得到提升，实现了教育教学的增值。

二、高职院校实训教学质量"增值"管理模式的构建

"增值"在教学质量管理中是一个全新的概念，它是以学生的成长、进步和提升的程度为指标，同时兼顾与学生的学习进步有关的所有相关因素的一种概念。将增值概念引入高职实训教学质量管理中，能进一步推进高职院校的实训教学、完善实训管理制度、创新实训教学质量评价体系，激发处于不同层次、不同起点的学生的学习兴趣和积极性，进而促进实训教学质量的提高。

（一）树立增值性教学质量观

高职生源渠道广，生源质量参差不齐，如何客观而公平地衡量和评价教学和学生质量，是目前高职院校所面临的一个难题。一直以来，高职院校沿用的是以学科为中心的教学质量评价理念，即较为重视所有学生是否达到某

① 周文清. 增值理念下高职院校实训教学质量管理模式的探索［J］. 机械职业教育，2014（5）：60-62.

一标准，往往以实训报告或作品（成品）作为评价教学质量的标准，评价方案中大多不考虑或很少考虑学生的起点或水平，采用同一分数标准去评价，这不仅不公平，还使得一批又一批学习基础较差的学生丧失学习积极性和主动性，使实训教学质量无法得到很好的体现。①

高职教育要适应社会对人才需求的变化，其教学质量管理也应适应时代的发展。在我国大力提倡素质教育和关注学生全面发展的前提下，高职院校有必要在现行的实训教学质量管理中引入"增值"概念，并将之贯穿于实训教学管理的全过程。"增值"强调的是学生本身的起点水平，评价教学质量要以学生的学业进步程度为标准。由于充分考虑了学生各项差异的不同、了解了他们的追求，让学生明白了不是为了考试（或分数）而学习，因此，增值性教学质量观能激发学生的学习兴趣和能动性，促进教学质量的整体提高；另外，该概念是以学生的进步和提高作为衡量教学质量的标准的，能真实、客观地反映教学质量，因此，高职院校应充分认识到传统教学质量观的不足之处，树立以"增值"为导向的教学质量观。

将"增值"概念引入实训教学质量管理，有利于克服传统质量管理存在的弊端，对于实现客观而公平地评价教学质量、转变教学质量观、规范实训教学、提高实训教学管理水平有一定的促进作用。

（二）对增值过程实施全面管理

从实训教学的输入到实训教学过程的组织和实训项目的具体实施和完成，是学生运用和拓展知识、养成专业技能、提升职业素养的重要过程，也是实现实训教学质量增值的过程，因此，有必要对实训教学整个过程实施全员参与和全过程监管。

（1）引入全面质量管理思想，组建一支由院、系两级构成的，成员涵盖院领导、教学管理人员、教研室主任、教学督导员、教师以及学生的实训教学质量管理团队，明确各级人员的管理职责，实行"分级管理、明确职责、协同监控"。

（2）对实训教学过程质量进行监控与管理。即对实训教学及项目内容的

---

① 周文清. 增值理念下高职院校实训教学质量管理模式的探索［J］. 机械职业教育，2014（5）：60-62.

设计、组织与实施、教学条件以及学生的表现等各环节与要素进行定期或不定期的检查，以确保教学过程的有效与增值。首先，实训项目是开展实训教学的重要教学资料，其质量高低与好坏直接影响到实训教学质量的高低与好坏，同时它也是实现增值的必备基础，因此，高职实训项目的设计应充分考虑学生的起点水平，对不同层次、不同起点水平的学生，本着"增值"的目的，分别设计实训项目，实施分组实训。其次，实训教学的组织和实施过程是质量形成和实现增值的过程，因此，要确保实训教学的有效和学生个体增值须对实训教学过程中教师的教学行为、组织形式以及学生的表现等情况进行适时检查和监管，强调学生主体性的同时，明确教师的指导和组织要求与规范。①

（3）完善相关实训教学管理制度，建立健全质量管理预警机制，以确保实训教学质量管理活动的有章可循，为实现"增值"提供制度保障。首先，高职院校应针对实训教学所涉及的相关要素，建立相对应的管理制度，如实训教学常规运行管理制度、实训室操作规范、实训项目管理制度、教师工作规范等，以促进实训教学管理走上规范化的轨道。其次，建立教学质量管理预警机制。质量预警是指对实训教学的质量问题进行预判并发布警示的一种机制，其目的是防患于未然，确保质量目标的实现。高职院校的教学质量管理部门通过日常教学巡查与检查、学生技能比武与抽查等形式，适时记录实训教学的实际质量情况，依据既定的实训教学目标来评判其目标达成度，以此来发现实训教学管理及实训教学活动组织与实施过程存在的不足与问题，并及时进行处理与改进。实训教学质量管理预警机制的建立，能进一步强化对实训教学质量的管理，有利于及时发现实训教学实施与管理过程中的不当行为，并予以及时的矫正，进而优化实训教学的组织与过程实施，使实训教学质量管理处于一个主动和积极的状态。

（三）引入增值评价法，建立增值性评价体系

实训教学质量取决于"教"和"学"两个层面，而检验"教"的成效

---

① 周文清. 增值理念下高职院校实训教学质量管理模式的探索［J］. 机械职业教育，2014
（5）：60-62.

的最有说服力的办法就是科学地运用"学"的结果，即分析学生在实训教学前后在知识、技能、素养等方面所发生的变化。要准确地测量学生在学习前后各要素数值的变化，须运用科学、客观、合理的评价方法。增值评价法是评价学生通过一段时间的教学过程后的成长、进步和转化的幅度，其基本公式为：增值=输出-输入。"输入"是指学生在开始某段学习之前所处的学业水平。"输出"是指学生经过该阶段学习后所达到的学业水平，两者的差就是学生所取得的学业进步。①

　　增值评价法在实训教学中的运用，是指通过获取实训教学输入、过程、输出三个阶段中学生的知识水平、技能、职业素养等要素的相关数据，运用增值排序法和协方差分析法对数据进行统计与分析，从而得出相关变化值，以确定学生是否有所增值，并以此来判定实训教学质量。这种评价法能客观、有效地评定不同起点的学生，能更好地、更真实地反映实训教学的质量。②

---

① 周文清. 增值理念下高职院校实训教学质量管理模式的探索［J］. 机械职业教育，2014（5）：60-62.

② 周文清. 增值理念下高职院校实训教学质量管理模式的探索［J］. 机械职业教育，2014（5）：60-62.

第十一章　高职院校实践教学质量的增值评价

高职院校实践教学作为高职人才培养的重要环节，对培养学生的动手能力、综合职业素质、创新能力起着极为重要的作用。提高实践教学质量是培养高技能实用型、创新型人才的必然要求。提高实践教学质量是一个系统工程，涉及实践教学的各个方面，实践教学质量评价是实践教学体系中极其重要的组成部分，对整个实践教学体系的运作起着指导、促进、激励的作用。

增值评价源于政府、社会公众对大学教学效能的评价。增值评价具体用到教学质量评价中，是指通过对学生某个阶段的学习进行测试，来追踪学生的学业发展情况，并根据学生测试分数的变化来判断学习阶段对学生教育效果的方法。从增值的角度来探究实践教学质量评价，不仅能使高职院校重新认识实践教学质量，形成正确的教学质量观，还对高职院校完善实践教学体系、规范实践教学、创新质量评价方法、推进实践教学改革以提高实践教学质量具有一定的促进作用。

本章主要介绍了增值评价的内涵；分析了当前高职院校实践教学质量评价存在的问题与不足也分析了其出现的原因，从"价值增值"的角度探索了完善及改进实践教学质量评价的策略；阐述并分析了增值评价的特征与优势；分析了实践教学质量评价的可行性；探索了高职院校实践教学质量增值评价体系构建的基本原则、增值评价指标体系的构建内容、增值评价的实施策略与步骤以及所需的必要条件。

第一节　增值评价的内涵

一、增值评价的含义

（一）增值的含义

"增值"是一个经济学术语，是指在投入如原材料、能源与最终成品销售价之间的差别。近年来，增值这一概念的含义有所变化，增值往往是指高质量，其价值是由生产过程中所应用的高科技导致的。将此概念引入教育领域源于 1966 年美国学者科尔曼（J. Coleman）对美国公共教育质量所做的调查报告，即"科尔曼报告"。该报告的一个重要结论就是学校的作用在于帮助学生克服其出身不平等而带来的阻碍学业进步的弊端，即以学校帮助学生成长的努力程度作为评价学校工作绩效的依据，它直接启动了以学生进步程度为核心的新的学校绩效评价体系。而这种基于学生进步的学校评价恰好是增值评价的基本点，即一所好的或成功的学校是对学生发展有增值作用的学校。

教育领域中的"增值"指的是什么？哈维和格林（Harvey & Green）认为，"增值"是对质量的衡量。这里的质量是指教育经历给学生的知识、能力和技能等方面所带来的促进程度。

那么在教学质量管理中，"增值"的概念又如何界定？序润斯认为"增值"就是学生各方面素质在输出与输入对比时产生变化的部分，还有学者提出，"增值"是一定时期内学校教育对学生成长发展所带来的积极影响，或一定时期内学校教育活动对学生增加的价值。[①]

由此可见，"增值"是指学生在经历一定时期学校教育或一段教学活动后，其知识、技能、素养等较之接受教育活动之前所取得的进步或提升。

---

① 南纪稳. 教育增值与学校评估模式重构［J］. 中国教育学刊. 2003（7）：59-61.

（二）增值评价的定义

增值评价源于政府、社会公众对大学教学效能的问责，即大学教育究竟对学生产生了哪些积极的影响？学生在大学里究竟获得了哪些方面的发展？为此，大学必须拿出相对可靠的证据。增值评价法的引入，满足了政府和社会公众对大学问责的需要，其具体的操作方法也契合大学根据自身的实际情况来改进教学、保障教学质量的意愿。①

关于增值评价的定义，学者们提出了各自不同的见解。一种是将增值评价应用于学校效能的评价中，认为增值评价的主要内容是以学生的学业成就为评价依据的，通过相关的统计分析技术，将学校对学生发展的影响从诸多相关因素中分解出来，特别强调控制生源因素对学生最终学习质量的影响，从而实现对学校教育教学"净"影响的评价。②

北京师范大学教授边玉芳提到，增值评价是以学校教育活动对学生预期成绩的增值为教育评价标准，用来判定学校对学生发展的影响的，是一种绿色升学率理念下的发展性学校评价模式。③

还有学者认为增值评价是以学校教育活动对学生增加的价值为教育评价标准的，用来判定教师、学校对学生学业成长的影响。④

增值评价的概念是建立在学校的教育教学可以增加"价值"到学生的学业成就这一假设基础之上的，是为了检验学生经过大学学习之后，知识能力的发展情况的。增值意味着学生完成学业后与学业开始前的差异，这个差异正是大学教育所带来的。⑤

由此可以得出，增值评价主要是通过跟踪学生一段时间内学业上的变化，以考查或评判学校教育对学生学业成就的影响，主要根据学生的各种表现来

---

① 周文清. 增值评价：高职院校实践教学质量评价的新选择 [J]. 湖南师范大学教育科学学报，2016（3）：126-128.

② 马晓强. 尝试以学校增值评价推进教育公平 [J]. 山东教育，2007（8）：60-61.

③ 边玉芳，林志红. 增值评价：一种绿色升学率理念下的学校评价模式 [J]. 北京师范大学学报，2007（6）：11-18.

④ 张丽娟. 增值评估：一种发展性的教学评估模式 [J]. 天津电大学报，2006（4）：16-18.

⑤ 刘海燕. 美国高等教育增值评价模式的兴起与应用 [J]. 国际比较高等教育，2002（5）：97.

判定教师和学校对学生表现的影响，[①] 以学生的学业"进步"或"提升"程度为指标，并综合考虑与学生的学习进步有关的所有相关因素，而不是以学生某次考试成绩作为质量监控与评价指标。其内在要求是教育必须尽量提高学生发展全程的附加价值，即精心设计与合理安排教育与教学过程，提高每一阶段教学对学生成长和发展的辅助作用。其所关注的是学校教育或教学活动给学生学业所带来的增值效能，是一种关注学生起点水平和相对发展的、以学生为中心的发展性评价。[②]

（三）增值评价的特征

1. 尊重起点差异

不同的学生个体都会因资质、天赋、家庭背景及其教育等的差异而存在原有或起始基础的参差不齐，而起始水平的高低又直接影响到学生最终取得的学业成就的高低。传统的教学评价往往忽视学生个别间所存在的这种差异，采用统一标准去衡量每个学生，这显然是不公平的。而增值评价不仅承认同时也尊重学生个体所存在的起点差异，它把对学生个体的最终评价与其起始基础紧密联系起来，将其原有的学业基础水平作为评价的起点。

2. 关注相对发展

增值评价以学生个体学业成就的最终表现与原有表现相对比出现的变化数值作为评判学生增值的依据，这种做法不同于当前高职院校常用的参照既定且统一的标准进行的评价。增值评价所关注的是学生个体的相对发展，强调的是学生个体的真正发展，贯彻的是真正意义上的发展性评价理念。

第二节　高职院校实践教学质量评价的现状与改进

教学质量评价作为教学质量监控和教学管理的一个重要环节，是保证和

---

① 王凯. 价值附加评价：一种新型的学生评价管理工具 [J]. 教学管理，2005（5）：21-22.
② 周文清. 增值评价：高职院校实践教学质量评价的新选择 [J]. 湖南师范大学教育科学学报，2016（3）：126-128.

提高教学水平的重要手段。虽然目前高职院校对实践教学及其质量评价的重视程度有了一定的提高，但当前高职院校所实施的实践教学质量评价是在理论教学质量评价的基础上通过修改或增减而形成的，仍存在一定的不足。

一、实践教学质量评价存在的问题

目前，绝大多数高职院校并没有将实践教学作为一个独立的教学体系来构建具有实践教学特性的质量评价体系，对实践教学的评价仍沿用的是理论教学评价的传统做法，即评价主体是教师、管理部门和督导；评价内容与指标的设定更注重质量的外在表象；评价标准注重标准化的绝对值，忽视学生的相对发展和个体差异；评价方法侧重"教"的结果，忽视"学"的过程；评价目的是为管理部门服务，而非为教学本身服务；评价结果仅作为管理部门奖惩、评优的依据等。归纳起来主要有以下几大问题[①]。

（一）评价指标的实践性特点不突出

高职院校理论教学的评价指标基本上已达成了一定的共识，但理论教学是以知识的传授为主要目的的，其设置评价指标的出发点是基于如何才能更好地将知识传授给学生，因此会更注重教师的教学准备工作（教案、教学大纲等）和教学组织与实施（设计、方法、组织等）以及学生的到课率和最终成绩。而实践教学以培养学生技术应用能力，提高综合素质、职业能力为主要目的，同时也是帮助学生实现将理论知识转化为实际技能的重要途径。虽然，高职院校对理论教学质量评价指标进行了修改，增加了诸如"实践教学条件及其准备"和"相关设备操作技能"等指标，但仍缺乏实践教学关键过程环节以及相关能力指标，客观上造成评价指标与实践教学目标脱节，无法凸显实践教学的特性。

（二）评价方法的实效性不强

由于高职院校所实施的实践教学质量评价沿袭的是理论教学的评价方法，

---

① 周文清，肖化移. 高职实践教学质量评价：问题、成因与对策 [J]. 职教论坛，2014（34）：57-59.

即督导评价、同行评价、学生评价和管理人员评价相结合的方式，此种评价方法虽然对促进理论教学效果的改进和提升起到了一定的作用，但对实践教学的成效不大，主要因为：

第一，评价方法的评价主体只局限于校内相关人员，缺失行业企业相关专业人士的参与。

第二，评价客体主要是教师，极少涉及对学生学习过程以及行为能力的评价。

第三，从评价类型上来讲，属于结果性评价，即只注重最终考核成绩或技能等级通过率，而忽略对实践教学过程、学生的参与及其成长变化等的评定。

这种评价所产生的结果，既无法体现实践教学的实践性和过程性，也无法客观而真实地评判实践教学质量。

（三）评价功能的取向不全面

教学评价是对教师的"教"和学生的"学"进行价值判断的过程，通过将评价结果反馈于后续的教学活动，为进一步实施人才培养和教育教学改革提供正确的决策依据和发展方向，目的是促进教师更好的"教"和学生更好的"学"，以提高教学效果。评价并不是目的，是为了促进教学，因此其重点应在教学本身。

然而，目前高职院校实施教学质量评价更多的是为教学管理服务，从管理的角度设置指标体系，评价结果也是作为管理部门奖惩、评优、划分等级的依据。评价是为了管理，教学则是为了评价，这导致教学评价所应有的多元化功能无法得以充分发挥[①]。

二、高职院校实践教学质量评价现存问题的归因分析

高职院校实践教学质量评价存在以上问题，主要是因为目前高职院校对

① 周文清，肖化移. 高职实践教学质量评价：问题、成因与对策［J］. 职教论坛，2014（34）：57-59.

实践教学质量及其评价的研究不够透彻或完全缺失，具体表现在以下几个方面。

（一）忽视对高职院校实践教学质量本质属性的研究

质量是一个综合性的概念，是一个具有特定的质的规定性和内容性的综合体，它既要符合既定标准的要求，同时也要满足顾客的适应性要求和需要。实践教学作为高职教育中培养学生技术应用能力、实践能力和综合素质的重要途径，其质量内涵较之理论教学的更丰富、更具综合性。

目前高职院校在研究和实施实践教学质量评价的过程中，大部分只是从质量符合性的角度来探究实践教学质量的构成及其影响因子，而忽视质量的适应性以及实践教学质量的综合性。评价过程只注重对教学条件、教学师资和教学效果的观测与评判，而较少关注过程和学生。

正是由于高职院校缺乏对实践教学质量综合性的深入研究，因此无法全面把握实践教学质量的本质特点，直接导致实践教学质量评价在内容和指标、方法和手段上都无法凸显实践教学的特点。

（二）对教学质量评价的内涵把握不到位

教学评价是对教学工作质量所作的测量、分析和评定，它以参与教学活动的教师、学生、教学目标、内容、方法、教学设备、场地和事件等因素有机结合的过程和结果为评价对象，是对教学活动的整体功能所作的评价。[①]它通过诊断教学计划方案、教学实施状态以及教学过程中存在的问题，为正在开展的教学活动提供反馈信息，促进教学实践的改进和完善，通过对教学效果的判断为今后教学决策，包括教育教学资源分配等提供依据。[②] 上述概念明确了教学评价的对象应既有教师，还有学生及其相关活动，其目的和作用是通过借助一定的手段和方法，发现教学当前问题，并为之后的教学活动的改进和效果的提升提供决策依据。[③]

[①] 王道俊，王汉澜. 教育学［M］. 北京：人民教育出版社，2001：290.

[②] 王利明，刘鹏飞，等. 高等职业教育教学评价理论、评价体系与评价技术［M］. 北京：中国轻工业出版社，2011.

[③] 周文清，肖化移. 高职实践教学质量评价：问题、成因与对策［J］. 职教论坛，2014（34）：57-59.

在目前高职院校开展的实际教学评价中往往忽视了学生这一重要对象，忽视学生在教学过程中的表现与态度、个体的进步与发展等。学生评价对象的缺失，使整个教学评价对象不完整，导致教学评价目的不明确、评价内容及指标体系不完整、评价功能不全面、结果运用单一化等问题，因此，高职院校在建构实践教学质量评价体系之前有必要对教学评价的内涵进行细致的探究，只有这样，才能确保教学评价自身的质量和目的的实现。

（三）对教学评价的价值取向的多样性缺乏认识

教学评价主体应是一个多元的组合体，即既要包括教学管理者，还应包括教师群体及同行、教学督导、学生以及其他相关利益者。而不同的评价主体由于所处位置、扮演角色的不同，以及在面对需要处理的事件时所持立场、观点和态度的不同，构成了教学评价多样化的价值取向。由此，高职院校应充分了解、分析实践教学相关利益主体及其对实践教学质量的不同价值诉求，并将这些诉求转化为评价内容及指标。

当前高职教学质量评价的主体虽在逐步实现多元化，既有教学督导、管理人员，也有学生和教师同行，但这些主体的价值取向并没有得到重视或认可，而是将目标的实现与价值取向的完全强加在其他主体的身上。因而，在高职教学质量评价过程中，有的只是单单从管理的角度，有的只是将评价作为一项任务来完成，从而导致教学质量评价的实效性不强。

三、高职院校实践教学质量评价的改进对策

教学质量评价理论是一个动态发展的理论，它与人们对教学质量的整体认识以及教育理念有着密切的关系。因此，高职院校在策划和实施实践教学质量评价过程中，必须充分把握教学评价和实践教学质量的本质属性，真正做到以人（学生）为中心，以促进人的全面发展为目的，既重视教学中预定目标的客观化和量化，又重视教学中发展目标的人文化，只有这样，其结果

才能真实而全面地反映实践教学质量。①

（一）树立"价值增值"实践教学质量观

教学质量观是人们基于对教学质量的全面认识而给出的观念性描述，表现为人们对教学质量高低与好坏的价值判断。教学质量观是教学评价体系构建的逻辑起点，不同的教学质量观决定着人们运用不同的方式和手段实现对教学质量价值的追求，即用不同的标准、方法来评价教学质量和效果会有不同的结论。

一直以来，我们都以学历教育的质量观来定义高职教学质量观，认为高职教学质量是指高职教学完成教学计划，达成教学目标的程度。然而，职业教育与学历教育在特性上存在着本质区别，特别是高职教育实践教学，是以学生的专业技能的培养与提高、职业能力的生成与提升为主的教学活动，而以学历教育的质量观来判断高职实践教学质量显然是不科学的。因此，高职院校必须树立一种全新的教学质量观——"价值增值"质量观。该质量观是以学生在各方面的价值增值作为衡量高职院校办学成效标准，这不仅能满足高职实践教学本身的价值诉求，同时还能满足高职学生实现个体发展的价值需求。

（二）突出实践教学质量评价的发展性功能

教学评价功能是教学评价活动本身所具有的能引起被评价对象发生变化的作用和能力，是通过评价活动与结果作用于对象而体现出来的，具有导向、诊断、激励和管理等基本功能。随着新教育理念的提出，人们对于教学评价的功能也有了新的认识，有学者就指出：教学评价的目的不是对学生进行甄别和排序，而是促进学生更好地发展，最终实现学生的全面发展，② 即教学评价应具有发展性的功能。

既然教学是人的教学，那么教学评价的立足点和落脚点必须是人（学生）的发展。高职实践教学质量评价不应仅仅是为了考查学生达到行为目标

---

① 周文清，肖化移. 高职实践教学质量评价：问题、成因与对策 [J]. 职教论坛，2014（34）：57-59.

② 王淑慧. 多元化教学评价的研究——基于芙蓉中华中学华文多元化教学评价的个案分析 [D]. 武汉：华中师范大学博士学位论文，2011：3.

的某种程度，还应考查学生的过程行为表现及其发展动向，要能让学生体验到自己在学习过程中的变化、成长和进步，这样才能唤起学生主动地审视自己的学习态度和提高自己的学习热情，从而更积极地、更投入地参与实践教学过程，最终达到提高实践教学质量的目的。[①]

（三）增设能力要素的评价指标

教学是诸要素的结合体，主要有教师、学生、教学内容、方法、条件等，这些要素都从不同方面、以不同的方式决定着教学的质量，都是教学评价必须考虑的因素。因此，高职院校实践教学的质量评价指标应全面而准确地反映实践教学的特点，体现与实践教学质量相关的所有因素。

实践教学是以培养学生技能和职业能力为核心的教学活动。那么，学生各方面能力的动态发展应作为判断实践教学质量的一项非常重要的、不可或缺的指标。高职院校在建构实践教学质量评价指标过程中，既要设置实践教学的知识预定目标要素，同时还要设置反映学生专业技能、职业能力等变化发展的能力目标要素，这样才能把实践教学评价与理论教学评价区分开来，凸显实践教学的特点。

（四）引进增值性评价方法

当前高职院校所运用的评价方法，虽然能在一定程度上反映学生掌握理论知识的程度，但并不能反映学生在实践能力和职业能力等综合素养方面具备的程度，也不能真实地反映实际的教学水平和质量。因此，有必要引进一种既能全面反映教学成效，又能体现高职教育及实践教学特点的评价方法，即增值性评价法。

增值性评价法是一种发展性的评价方法，该方法通过对处于不同初始学业水平的高职生在经过一段时期的学习后所取得的包括知识、能力和素质等的成长和发展来评定教学效果，这样不仅能全面地反映实践教学的水平和质量，也能解决目前高职院校由于生源质量参差不齐这个现象所引发的在评判教学质量过程中出现的困惑和争议，同时这种评价法的观测点是学生各方面

---

① 周文清，肖化移. 高职实践教学质量评价：问题、成因与对策［J］. 职教论坛，2014（34）：57-59.

能力的提升，与高职实践教学的目的和目标是相通的。①

第三节　高职院校实践教学质量实施增值评价的可行性分析

一、增值评价相比传统实践教学质量评价的优势

（一）评价取向更贴近高职实践教学质量的本质内涵

高职实践教学是学生巩固专业理论知识、掌握专业技术技能、养成一定的职业态度、提高职业能力和素养的主要途径。在实践教学过程中，学生的学识水平、技能、能力以及态度等都在发生着变化，从无到有、从低到高、从生疏到熟练，其质量最终表现为学生在专业知识掌握、专业技能操作、发现和解决问题能力以及素质等方面的变化和收获。②

增值评价是以学生通过参与教学活动所收获的学业成就为评价内容的，所谓学业成就指的是学生通过系统学习后所取得的学习成果，表现为具体学科中学会的知识、提升的能力和养成的身心素质。③

相比现行评价，增值评价除了注重学生的知识掌握，还注重学生能力和素质的成长与提升，这一取向更贴近实践教学质量的内涵。

（二）评价方法更能体现实践教学的全过程

教学过程是质量产生和实现的过程，教学评价应不仅仅意味着评价结果的呈现以及在此基础上的等级划分与排序，而还应能揭示整个教学的过程。

增值评价以学生的学习结果与起点或水平之间的差异为评价依据，而差异是在教学过程中产生和形成的，即要想知道学生在学习前后是否产生了变

---

① 周文清，肖化移. 高职实践教学质量评价：问题、成因与对策 [J]. 职教论坛，2014（34）：57-59.

② 周文清. 增值评价：高职院校实践教学质量评价的新选择 [J]. 湖南师范大学教育科学学报，2016（3）：126-128.

③ 马晓强. 增值评价：学校评价的新视角 [M]. 北京：北京师范大学出版社，2012（9）：86.

化，就必须了解在教学各环节和各阶段中学生的哪些方面发生了变化以及变化的大小，这就需要将教学的全过程纳入评价的范畴。

相比现行评价，增值评价不仅注重最终结果的呈现，更注重结果形成的过程，是一种基于教学过程的评价，更能体现实践教学的过程性。

（三）评价目的更能体现教学评价的功能

实施教学评价的目的不仅是甄别和遴选，更为重要的是诊断与激励。增值评价是以学校教育活动对学生"价值增值"为教育评价标准的，用来判定教师、学校对学生学业成长的影响，[①] 其目的是，一方面通过学生各方面增值的数值大小来诊断教学环节所存在的不足，如果学生在某环节中没有获得增值或增值很小，这表明教师的教学须进一步加强或改进，学生须更加努力；另一方面，学生只要是收获了增值，不管大小，都表明教学有成效，这既肯定了教师的付出，也肯定了学生的努力，既能激励教师为了让学生获得更多的增值而进一步优化教学、提升教学能力，还能激发学生的学习积极性。

较之现行评价，增值评价更能体现教学评价的"以评促教""以评促学""以评促改"的功能。[②]

二、增值评价在高职实践教学质量评价中的可行性分析

增值评价被英美等发达国家广泛运用于学校效能评价，并且在促进教育公平和提升学校办学效能等方面取得了一定的成效，其是否适应于高职实践教学质量评价呢？在此，笔者以增值评价内涵为基石，从实践教学的本质特点、学生个体发展以及教师价值实现三个方面对其可行性进行分析。

（一）增值评价符合高职实践教学目标的要求

教学目标是教学活动实施的方向和预期达到的结果，是教学活动的出发点和最终归宿。高职实践教学作为高职人才培养的重要组成部分，其目标不

---

① 张丽娟. 增值评估：一种发展性的学校评估模式 [J]. 天津电大学报，2006（4）：16-18.
② 周文清. 增值评价：高职院校实践教学质量评价的新选择 [J]. 湖南师范大学教育科学学报，2016（3）：126-128.

仅要提高学生相应的岗位技术技能水平，还要提升其职业素养和综合能力，如发现问题与解决问题的能力、沟通协调能力、团队协作能力等。

教学评价作为教师了解教学过程的一种方式，是调控教学行为的重要依据，更是衡量教学目标是否达到或实现的重要途径。为教学目标的达成与实现提供的信息反馈，则是教学评价的目标所在。

增值评价以学生参与教学活动所取得的学业进步或提升为评价指标，而与学生学业成就有关的所有因素，如仪器设备操作流程的熟练程度、参与的主动性和积极性等，都将成为评价的内容。由此可见，增值评价所涉相关内容与高职实践教学目标要求相吻合。

（二）增值评价符合学生个体发展的需求

教学的价值是由教学是否满足学生发展需要的程度决定的，教学评价要保障教学的价值，则需在评价的效度和信度上满足学生的发展需要。从人的发展理论看，马克思主义认为人的主观能动性是人的发展动因，正确的教学评价应能调动学生的学习积极性、有效地发挥学生主观能动性。由此，教学评价作为体现学生全面发展价值的一种表现形式，其立足点和落脚点都必须是学生的发展。

增值评价以学生个体的起始水平为评判基线，运用学生个体在学习与成长等方面的纵向比较而非所有学生之间的横向比较来评定学生的学业成就。通过学习前后比较，学生个体能从自身的发展和成长中体会到一种成就感。这不仅能增强优生的学习动力，也能帮助原来的差生重拾信心，提升其学习的积极性和主动性，激发个体为实现自身更好的、更全面的发展而主动地参与学习。

（三）增值评价符合高职教师对自我价值实现的需求

教师是高职教育教学的一个重要组成部分，其教学行为的有效性直接影响学校效能和人才培养质量，而教师自我价值的实现则是其行为的原动力。高职教师的价值是通过学生来体现的，其体现的过程是教学实践活动及其结果，即高职教师将其知识、技能和自身素养通过教学实践活动转化为学生的各种素质和能力。然而，高职生源质量普遍较差，且学生之间又存在基础、能力以及兴趣爱好与追求的差异性，在这种生源质量背景下，如何透过学生来评判教师的价值，有效的教学评价是唯一的途径。

增值评价以学生个体的学习进步与成长为评判教师教学效能的依据，那么学生一点一滴的进步与成长都可以说成是教师辛勤付出的结果，教师则可从学生的收获中找到自我的存在感和价值感，而这种价值感最终又可转换为教师有效的教学动力。[①]

综上所述，增值评价是一种以学生为主体的，关注学生的原有基础水平以及阶段教学活动后的变化，同时兼顾知识、技能、素养的评价方法。这种评价方法一方面能很好地揭示高职实践教学及其质量的本质特征，另一方面，以学生的学业成长和进步来评判教师的"教"，能让教师从中找到成就感，实现自我的价值；同时，注重学生的起始水平，以取得的进步而不是标准化的分数来评判学生，这对于当前高职学生（特别是基础差的学生）来说无疑是一剂"强心针"，使他们更加积极地参与教学活动、自主地学习，为实现个体的更好发展而更加努力。与高职院校现行的实践教学质量评价相比，增值评价的评价取向和方法更能体现高职实践教学的特性，更能全面地揭示实践教学质量的本质内涵；增值评价的评价目的更能反映教学评价的功能，能有效地弥补现行评价所存在的不足，可以说，增值评价是一种更为科学的评价方法，是高职院校优化实践教学质量评价、提升教学评价实效性的新选择。[②]

---

① 周文清. 增值评价：高职院校实践教学质量评价的新选择［J］. 湖南师范大学教育科学学报，2016（3）：126-128.

② 周文清. 增值评价：高职院校实践教学质量评价的新选择［J］. 湖南师范大学教育科学学报，2016（3）：126-128.

第四节　高职院校实践教学质量增值
评价体系的构建

一、高职实践教学质量增值评价体系的构建原则

（一）以学生为中心的原则

"以学生为中心"的观念源于美国儿童心理学家和教育家杜威（John Dewey）的"以儿童为中心"的观念，它强调教育的终极目的是促进学生的全面和谐发展，尊重学生的个性和人格。[1] 增值评价以学校教育活动对学生所增加的价值为教育评价标准，用来判定教师、学校对学生学业成长的影响，[2] 主要指向的是学生的各种表现，不同于以往的常模参照评价和标准参照评价。[3] 由此，高职院校应转变教学评价理念，从传统的"以教师为中心"转向"以学生为中心"，围绕学生各方面的发展来构建评价指标体系。

（二）关注学生个体差异的原则

高职生源多元化，其质量参差不齐，学生个体在知识、技能和素养方面的起始差异也十分明显，因此所有的学生不会以相同的速度或间距向上提升，也不会朝着同一个方向提升。

增值评价是以学生个体的起点水平与经过学习后所达到的终点水平的比较作为评价标准的，而非以统一的标准来评判所有的学生，这样能给不同层次的学生以不同的发展空间，更好地激发学生的学习兴趣，因此，高职院校在构建评价标准时应充分并尊重学生个体间的差异，摒弃以标准化测验成绩

---

[1] 叶澜. 教育概论 [M]. 北京：人民教育出版社，2000：194.
[2] 张丽娟. 增值评估：一种发展性的学校评估模式 [J]. 天津电大学报，2006（4）：16-18.
[3] 王凯. 价值附加评价：一种新型的学生评价管理工具 [J]. 教学管理，2005（5）：21-22.

作为评定所有学生等级的唯一标准这一传统做法。[①]

（三）过程与结果并重的原则

依据增值评价的计算公式，即"增值＝输出－输入"，学生的学业与成长被反映为从"输入"到"输出"的转变，而转变则是通过介于"输入"和"输出"之间的"过程"来实现的，"过程"是学生实现增值的重要途径。因此，高职院校应改变传统的只注重结果的评价模式，构建一个集过程评价与结果评价于一体的评价体系，使学生的学习过程成为评价的重要组成部分。

（四）评价主体和手段多元化的原则

"增值"既包括学业上的进步，也包括非学业上的成长与发展，且"增值"的形成是一个动态的过程，所涉信息广而多，单凭某个主体（如教师）或评价手段（如测验）是无法形成完整的评价结果的。高职院校应将与实践教学相关的所有信息源作为评价主体，并根据评价内容的不同，运用多种手段和方法以实现增值评价的目的。

二、高职实践教学质量增值评价指标体系的构建内容

"增值"是输出值与输入值之间的比较，要评判学生是否有所增值，就须获得输入值和输出值。高职实践教学是以培养和提升学生职业技能为主要目的的，那么，学生在经历实践教学前后，其知识、技能和素养必然发生一些变化。因此，为了较全面地获取相关数据变化值，为增值评价的具体实施提供依据，我们将实践教学整个过程拆分为"输入""过程""输出"三个阶段，并根据实践教学特点和个体成长规律建构三个阶段的评价指标。

（一）输入评价指标

实践教学的输入阶段是指教师已明确实践任务（内容）、目的与要求，学生处于了解与准备的阶段。由于学生还没有正式参与实践活动，因此，此

---

① 周文清. 基于增值评价的高职实践教学质量评价体系的构建与实践［J］. 职教通讯，2016（3）：65-67.

阶段的指标主要为：

（1）学生对实践内容（任务）所涉及相关理论知识的理解与掌握情况；

（2）对所涉相关专业设备与技能操作的基本认知水平。

（二）过程评价指标

实践教学的"过程"是获取学生学习与成长进步的变化数据的主要途径，此处的"过程"是实践教学任务（内容）的具体实施阶段，在此过程中，学生作为主体通过参与和教师的指导，其在知识运用、技能操作以及相关能力等方面将较之"输入"阶段会发生一些变化。故此阶段的指标主要包括：[1]

（1）知识能力，即运用相关理论知识分解与分析实践任务、解决相关问题与探索创新的能力；

（2）专业技能，即对相关专业设备的操作程序、手法和步骤的熟悉程度；

（3）社会能力，即人际交往沟通的能力、与人合作的能力、协调能力、组织能力和表达能力等。

（三）输出评价指标

实践教学"输出"是实践任务完成、成果展示和总结阶段。主要指标有：（1）实践报告；（2）实践成果的展示（或演示）；（3）学生对实践任务的整体认识与建议；（4）学生自我总结。

上述三个阶段的评价指标相互关联，各个指标数据值的变化就反映了学生在经历了实践教学后，各方面所发生的变化。如果这个变化值呈上升趋势，则表明学生进步了，实现了"增值"，实践教学也达到了预期的效果；如果这个变化值呈下降趋势，则表明学生没有"增值"，实践教学未达到预期的成效，也说明实践教学的设计与实施存在需改进的地方。[2]

---

① 周文清. 基于增值评价的高职实践教学质量评价体系的构建与实践［J］. 职教通讯，2016（3）：65-67.

② 周文清. 基于增值评价的高职实践教学质量评价体系的构建与实践［J］. 职教通讯，2016（3）：65-67.

第五节　高职院校实践教学质量增值评价的实施

一、高职实践教学质量增值评价体系的实施策略

（一）按教学过程设定增值评价的内容

高职实践教学的载体是基于工作过程导向的，教学项目设计、教学内容和任务的设定、教学要求都是以相应工作流程、岗位为依据的。

为了确保增值评价的有效实施以及所需相关数据的完整性，需将实践教学按工作过程分解为"输入""过程"和"输出"三个阶段。"输入"为工作的开始阶段，即实践任务下达之初，是获取学生起始水平数据（输入值）的阶段。"过程"为工作的具体开展阶段，即实践教学任务的具体实施阶段，是获取学生各方面表现情况（过程变化值）的阶段。"输出"为工作的扫尾和总结阶段，即实践教学任务完成及成果展示（演示）阶段，是得出最终"输出值"的阶段，三个阶段构成一个完整的增值评价内容框架。①

（二）分教学阶段设置增值评价的指标

实践教学的不同阶段和不同环节对学生学识、技能和素养的要求是不一样的，且学生的学识水平提升、能力的养成和提高也是一个循序渐进的过程。因此在构建增值评价的指标时，也需充分考虑实践教学的特点，依据所划分的实践教学"输入""过程""输出"三个阶段的不同特点来分别设置。

"输入"是学生处于对实践任务的初步认知阶段，相关职业和社会能力在这个阶段是无法体现的。因此，这个阶段主要了解学生的知识掌握状况以及对相关技能及操作的基本认知情况。

"过程"是实践教学的核心阶段，学生在知识运用、专业技能操作、职业能力和社会能力表现及其变化等方面的情况都能在这个阶段反映出来，这

---

① 周文清. 增值评价：高职院校实践教学质量评价的新选择 ［J］. 湖南师范大学教育科学学报，2016（3）：126-128.

个阶段的指标较全面，涉及知识、技能、能力以及素质等各个方面。

"输出"是最终实践成果的展现阶段，这个阶段主要考查学生的实践成果、自我总结与评价等。

分阶段设置评价指标既能体现实践教学的特点和要求，也便于收集相关数据，使增值评价的可操作性更强。

（三）设定多层次增值额度作为增值评价的标准

高职学生存在学识水平、能力等各方面的个体差异，这种差异将导致个体间发展的速度和方向的不同，如果用同一标准来衡量和评价是不科学的，既无法真实反映学校的教学效能，也难客观地评判学生。①

增值评价是以学生的各方面增值为依据的，这种增值是学生个体间的纵向而非横向的比较，即以学生个体的起始水平为评判基线，依照各个阶段的指标，收集并记录学生各方面的数据，形成一个个点，这些点的连线则形成学生个体的增值曲线，该曲线能将学生是否增值、哪方面增值了以及增值了多少（即增值额度）一一呈现出来。

然而，不同学生的增值曲线会因个体差异而呈现不同的态势，如基础好的学生，其获得增值的空间较小，增值曲线的变化也就较小；而基础差的学生获得增值的空间相对较大，增值曲线的变化也较大。基于此，在设定增值评价的标准时就须考虑学生的起始水平，根据学生的起始水平来划分层次，分层次设定不同的增值额度作为评价的标准，这样既尊重了学生的个体差异，也能较客观地体现实践教学质量水平。

（四）将学生和企业专家纳入增值评价的主体

增值评价所涉指标较多、所涉内容也较广，单一的评价主体是很难实现全面收集的，也难以记录相关数据，且无法确保相关数据的准确性。要确保增值评价的有序开展，需多个主体分别从不同的角度、不同的内容对教师的教学和学生的表现情况进行观察和记录。这些主体除了教师、教学管理部门和督导外，还应有学生和企业专家。学生作为教学活动的参与主体，他们在

① 周文清. 增值评价：高职院校实践教学质量评价的新选择［J］. 湖南师范大学教育科学学报，2016（3）：126-128.

教学过程中的状态以及相关的社会能力如沟能、合作、协调等的表现情况，其他学生是最了解的，也是最容易观察得到的。

企业专家熟悉并了解行业发展对技能的要求和职业能力的需求，对学生在实践教学中专业技能操作的规范性、正确性和熟练度等情况，能作出最为客观而准确的评判，同时也只有企业专家知道学生的发现、分析和解决问题的能力和职业素养能否满足行业需求。

因此，学生与企业专家也应作为增值评价的重要主体，与教师、管理部门和督导分工协作，这样才能确保相关数据的完整性和准确性。①

二、高职实践教学质量增值评价的实施步骤

（一）输入评价

输入评价包括标准化测验和教师评价，综合两方面的评价结果以确定学生在参与实践教学活动前的专业理论和技能的起始水平，作为"增值"的参照坐标。②

标准化测验主要采用笔试的方式对学生的专业知识的掌握与理解进行摸底考核。

教师评价主要是教师对学生的知识运用以及专业技能操作水平进行摸底，了解学生对专业技术设备（或软件）的操作方法、步骤和流程的规范性与熟练程度。

输入评价阶段，教师需为每位学生建立"学习成长记录袋"，记录学生的测验成绩和技能摸底结果。

"学生成长记录袋"是指由学生本人、教师或其他学生选择并作出评论的相关材料的记录，以此评价学生在能力发展过程中的进步情况，③ 它能为

① 周文清. 增值评价：高职院校实践教学质量评价的新选择 [J]. 湖南师范大学教育科学学报，2016（3）：126-128.

② 周文清. 基于增值评价的高职实践教学质量评价体系的构建与实践 [J]. 职教通讯，2016（3）：65-67.

③ 江彬，邹立中. 科学认识档案袋评价 [J]. 上海教育科学，2003（11）：37.

教师评价提供所需材料和数据，也能帮助学生认识自身的不足。

（二）过程评价

过程评价综合采用观察评价法、表现性评价法和学生互评法。观察评价法通过观察并记录对学生在实践教学过程中所表现出来的知识能力和行为态度进行综合性的评价。

表现性评价法是指在真实的工作场景或者接近真实的模拟工作环境下，让学生完成一项具体任务，通过运用相应的规则对学生完成复杂工作任务的过程表现或者结果进行价值评判。[①]

学生互评法是学生之间的相互评价，即同组成员对组员在实践教学过程中所表现出来的分析、执行、合作、协调、沟通以及处理问题等方面的技能和能力水平进行评价。

在过程评价阶段，需运用"学生成长记录袋"对学生在实践过程的表现、行为与结果等进行反复的记载，以形成增值的过程性材料。

（三）输出评价

输出评价主要包括学生自我评价和总结性评价。

自我评价是指个体就其自身的状态进行纵向比较所作出的价值判断，即学生对其自身在参与实践教学前后的知识、技能和素养方面所发生的变化进行的自我总结和评价。总结性评价是教师根据实践任务的最终完成情况、实践报告以及形成的最终成果等对学生的知识、技能和能力进行的整体评判。

在输出评价阶段，要将学生自我评价与教师的总结性评价的结果共同记入"学生成长记录袋"，作为增值的对照材料。[②]

（四）形成学生个体增值曲线

以输入评价的结果为起始点，以学生个体在实践过程中所获得的成长和实践成果中所取得的进步为评价标准，通过"学生成长记录袋"对学生的每一阶段的表现和成绩进行打分，形成一个个记分点，连接这些记分点，可得

---

① 杨延. 表现性评价方法在实践教学中的应用研究［J］. 职教论坛，2010（18）：4.

② 周文清. 基于增值评价的高职实践教学质量评价体系的构建与实践［J］. 通教通讯，2016（3）：65-67.

出学生个体的增值曲线。

三、高职实践教学质量增值评价的实现条件

增值评价在高职院校还是一种全新的评价方式，将其具体运用于实践教学质量的评价，对于高职院校以及教师和学生来说都是一种新的尝试，要实现增值评价的有效开展，高职院校须对实践教学模式进行一些调整，具体如下：

（一）教学内容设计成完整的工作或岗位流程

增值评价是对学生的知识、技能和素养等方面的综合评价。但目前大部分高职在制定实践教学内容时一般只是注重学生技能方面的实践操作与提高，对于知识的运用、创新、综合能力等关注较少，如果这样很难全面获得或掌握学生增值信息，也无法真正实现增值评价的效应。

高职应将实践教学内容与实际工作或岗位职责对接，并根据工作流程或岗位流程按"计划、组织、实施、检查与评价"等五个环节进行设计，体现一个完整的工作流程，构建与真实工作相似的教学情境，把学生的行为与表现置于真实的工作情境中去观察和理解，这样才能全面、客观、准确地观测和描述学生的状态，从而提高评价的有效性。[1]

（二）教学组织形式由班级改为项目组或团队

增值评价关注的是每个学生个体的学习与成长情况，由此，要观测学生个体在实践教学各个阶段、各个方面的表现与成绩，实践教学的组织形式就须从原来的大班或班级形式改革为项目组或团队的形式，且项目组或团队成员不宜太多，5~6人即可，这样既可以保证每个学生都能在项目组执行项目过程中扮演相关角色、承担相关任务，为每个学生提供一个展现自我、发现自我和提升自我的机会，同时也便于收集学生个体"价值增值"的数据，为增值评价的有效运行提供依据。

---

[1]　周文清. 基于增值评价的高职实践教学质量评价体系的构建与实践 [J]. 通教通讯，2016（3）：65-67.

（三）因学生个体差异而采用多层次的评价标准

增值评价尊重学生个体差异，而学生之间的个体差异是客观存在的，每个学生都有自己的强项和弱项，在相同的评价内容中会表现不一样。① 因此，在实际评价过程中不能采用统一的、既定的标准来衡量具有不同初始水平的学生，对于不同层次、不同水平的学生的要求也应不一样，应以学生个体的实际水平为参照标准而确定与其相对应的、多层次的标准，这样才能真正观测到每个学生的增值情况。

增值评价不以最终的实践成果为评价标准，而以成果与起始点的距离作为评价标准，那么学生在实践教学过程中投入和参与越多，所取得的进步和增值就越多。这对于起始水平较低的学生来说，更容易获得增值，对起始水平较高的学生来说，只要克服自己的短板，充分发挥自己的长处就能提高增值的额度，这样能激励不同起点、不同层次的学生自我进步和成长，进而提升实践教学的整体质量。②

---

① 王梅，袁顶国，朱德全. 新课程发展性评价走向的探析［J］. 教育科学研究，2004（7）：23-25.

② 周文清. 基于增值评价的高职实践教学质量评价体系的构建与实践［J］. 通教通讯，2016（3）：65-67.

第十二章　高职院校实践教学质量的
诊断与改进及其元评价

　　近年来，职业教育进入内涵式发展阶段，职业教育质量成为社会和国家教育主管部门共同关注的重点，对职业教育质量的评判也由之前的外部评估转为职业院校内部的教学工作诊断与改进。2015 年 6 月，教育部办公厅《关于建立职业院校教学工作诊断与改进制度的通知》（教职成厅［2015］2 号）中指出，全国职业院校要以"需求为导向，自我保证、多元诊断、重在改进"为工作方针，逐步建立和推进全国职业院校教学工作诊断与改进制度。《教育部关于深化职业教育教学改革　全面提高人才培养质量的若干意见》（教职成［2015］6 号）中也明确提出，要按照教育部关于建立职业院校教学工作诊断与改进制度的有关要求，全面开展教学诊断与改进工作。2016 年 4 月，教育部颁布的《高等职业院校内部质量保证体系诊断与改进指导方案》中要求，高职院校要以诊断与改进为手段，在学校、专业、课程、教师、学生不同层面建立起完整且相对独立的自我质量保证机制，形成全要素、网络化的内部质量保证体系。

　　元评价即评价的评价，是对评价设计方案、指标体系、评价内容、评价方法和评价结论等所有"原评估"的各个方面进行综合的、客观的评价，检测和识别评价存在的偏差与问题，并对问题进行深入分析，以改进与完善原评价活动，是一个评价到反馈再到矫正的过程。将元评价引入高职实践教学质量诊断与改进中，有利于完善实践教学质量诊断与改进体系，引领和规范诊断与改进工作，提高诊断与改进的成效。

本章主要阐述了诊断与改进的含义、目标与任务，分析了实践教学质量诊断与改进的现实意义，探索了实践教学质量诊断与改进的实施策略，介绍了元评价的含义，分析了实施元评价的必要性，探索了实践教学质量诊断与改进的元评价运行机制。

第一节　诊断与改进及元评价的内涵

一、诊断与改进的含义

（一）诊断与改进的提出

2015 年 6 月，教育部办公厅下发《关于建立职业院校教学工作诊断与改进制度的通知》（教职成厅［2015］2 号）中指出，建立职业院校教学工作诊断与改进制度，引导和支持学校全面开展教学诊断与改进工作，切实发挥学校的教育质量保证主体作用，不断完善内部质量保证制度体系和运行机制，是持续提高技术技能人才培养质量的重要举措和制度安排，也是教育行政部门加强事中事后监管、履行管理职责的重要形式，对加快发展现代职业教育具有重要意义。

职业院校教学工作诊断与改进，是指学校根据自身办学理念、办学定位、人才培养目标，聚焦专业设置、教师队伍建设、课程体系改革、课堂教学与实践、学校管理与制度、校企合作与创新、质量监控与成效等人才培养工作要素，查找不足与完善提高的工作过程。

（二）诊断与改进的目标任务

2015 年 12 月，教育部印发的《高等职业院校内部质量保证体系诊断与改进指导方案（试行）》对高职院校实施内部质量保证体系诊断与改进的具体目标与任务进行了明确：建立基于高职院校人才培养工作状态数据、学校自主诊改、省级教育行政部门根据需要在建立教学工作诊断与改进制度基础上，构建网络化、全覆盖、具有较强预警功能和激励作用的内部质量保证体系，实现教学管理水平和人才培养质量的持续提升。其具体目标与任务包括：

1. 完善高职院校内部质量保证体系

以诊断与改进为手段，促进高职院校在学校、专业、课程、教师、学生等不同层面建立起完整且相对独立的自我质量保证机制，强化学校各层级管理系统间的质量依存关系，形成全要素网络化的内部质量保证体系。

2. 提升教育教学管理信息化水平

充分发挥并强化人才培养工作状态数据在诊断与改进工作中的基础作用，促进高职院校进一步加强人才培养工作状态数据管理系统的建设与应用，完善预警功能，提升学校教学运行管理信息化水平，为教育行政部门的决策提供参考。

3. 树立现代质量观

对高等职业院校内部质量保证体系开展诊断与改进，并使之成为常态化工作，从而引导并促进高职院校提升其质量意识，建立并完善质量保障体系、丰富质量标准的内涵，树立全面质量管理理念，进而形成全员全过程全方位的质量管理模式。[①]

（三）诊断与改进的定义

"诊断"属于医学学科术语，是指医生通过检查病人病症，判断病因，开出治病处方。

教育诊断理论出现在 21 世纪前后，是一种新型的应用教育技术，在引领学校建构反思意识、强化发展动力、开拓发展新路、提高学校效能的基础上，促进学校的自主发展方面发挥了重要作用。[②]

关于诊断与改进的定义，有学者认为，诊断与改进以"自身进步"作为

---

① 教育部. 高等职业院校内部质量保证体系诊断与改进指导方案（试行）. 教育部官网。

② 周俊. 基于质量提升的职业院校教学工作诊断与改进研究 [J]. 中国职业技术教育，2015（26）：35-38.

质量评估标准，以发展为导向。强调标准的动态性和不断提高是诊断与改进的主要价值取向。① 诊断与改进是指发现工作现状与工作目标之间的差距并致力于缩短差距的质量控制方法。②

（四）高职院校内部质量的诊断与改进

内部质量的自我诊断与改进是指高职院校依照既定的专业人才培养计划与教育教学目标对自身的办学定位、教学形式、教学组织及其管理等情况进行诊断性评价以发现其中的问题与不足，并对这些问题与不足进行深层次分析，找出"症结"所在，进而制定有针对性的改进方案与切实可行的改进措施。

开展高职院校内部质量的自我诊断与改进，要求高职院校充分发挥其内部质量保证与提升的责任主体作用，要重视对内部质量的形成实施全过程、全员与全方位的监控，并实事求是地、客观地及时总结自身在人才培养与教学等方面的得失，从自身办学与管理等方面查找原因与问题，进而有针对性地制定改进措施，以不断推进教学改革、优化教学模式、完善教学质量管理体制机制，进而确保教学质量的持续提升。

二、元评价的含义

元评价，也叫"元评估"，是由美国的 Micheal Scriven 提出的，他认为元评估（meta-evaluation）是对于评估、评估系统或评估机制的评估，即是将原评估作为评估对象，对原评估活动及评估者的表现进行价值判断，以期提升原评估的品质。完整的元评估主要包括：检查或重新实施数据收集、重新检测信度效度、评价原来的评价、检查数据分析方法与过程、分析原来的结论。

美国学者斯塔弗尔比姆（Stufflebeam）认为，元评估作出价值判断的对

---

① 沈玉顺，卢建萍. 制定教育评价标准的若干方法分析 [J]. 高等师范教育研究，2000 (2)：24.
② 杨应崧. 诊改不是加给学校的"紧箍咒" [N]. 中国教育报，2016-07-05 (5).

象是原评估的实施，是对评估目标的重要性、评估设计的迫切性、评估实施的有效性以及评估结果的质量进行的评价。还有学者认为"元评价一般指对评价技术的质量及其结论进行评价的各种活动，元评价就是评价的评价，其目的是向原来的评价者提出他们工作中存在的问题与片面观点"。①

国内学者认为，元评估是按照一定的标准或原则对教育评价工作本身进行的评价活动，其目的是对评价工作的质量进行判断，规范和完善教育评估，充分发挥评估的积极功能。② 也有学者提出，元评估是将（原级）评估置于受评者位置，对评估、评估系统及评估机制依既定标准判断其优缺点与价值，以提高评估工作的质量保证及评估的可靠性。③

从上述国内外学者的观点可知，元评价是一种以原教育评价工作作为评价对象的方法，它对原评价的实施过程、评价技术方法的运用以及最终结论的信度与效度等进行客观的判断与分析，目的是找出原评价活动中存在的不妥与不足之处、纠正原评价的偏差，以进一步规范教育评价活动，提升评价结果的有效性和可靠性，确保评价功能和目的的有效实现。④

第二节　高职院校实践教学质量诊断与改进的实施

一、开展高职实践教学质量诊断与改进的现实意义

实践教学是高职院校人才培养的重要教学环节，也是高职院校实现其人才培养目标的重要途径，更是技术技能人才培养质量的根本保证。对高职院校实践教学质量进行诊断与改进，有利于发现高职院校实践教学的问题，找

①　[瑞典] 胡森，[德] 特尔威斯特主编. 简明国际教育百科全书·教育测量与评价 [M]，许建铖，等，编译. 北京：教育科学出版社，1992：65.

②　袁振国. 教育评价与测量 [M]. 北京：教育科学出版社，2001：203.

③　王雁，章仁彪. 教育元评估的理念与标准辨析 [J]. 中国高等教育评估，2009（1）：41-44.

④　周文清. 高职实践教学质量诊改的元评价机制探析 [J]. 机械职业教育，2021（5）：49-52.

到改善和提升实践教学质量的路径和策略，以实现真正提升实践教学质量的目的，进而全面提高高职院校人才培养的整体质量，促进高职院校持续健康发展。因此，开展实践教学质量诊断与改进，对于高职院校来说，具有非常重要的意义。

（一）进一步完善高职院校内部质量诊断与改进体系

目前开展内部教学质量诊断与改进试点的高职院校，已从学校、专业、课程、教师和学生五个层面构建了内部质量诊断与改进体系，虽说在课程质量诊断项目中将"顶岗实习"和"毕业设计"进行了单列，但高职院校的实践教学除了上述两种外，还有其他的形式，如课程设计、实验（实训）等，这些课程在教学目标、教学设计、组织及考核等方面都与普通（理论）课程有着质的区别，如果运用同一指标体系进行诊断，将在一定程度上影响诊断结果的全面性、问题诊断的客观性与归因分析的准确性。

实践教学是高职院校教学及人才培养工作的一个重要环节，其质量对高职人才培养质量的提升起着非常重要的作用，其质量的生成既受专业建设质量的影响，同时也受课程本身的建设质量、教师实践能力与实践经验、学生的参与表现等因素的深度影响。将实践教学作为课程质量诊断项目的一个独立子项目，并分不同类型的实践教学形式，依照其教学目标、质量呈现形式及影响因素等来确定诊断点与质量监测点，这样不仅能全面而客观地发现实践教学存在的问题与不足，还能发现高职院校在专业、课程体系建设以及师资建设等方面的不足，也能使整个学校内部质量诊断与改进体系从项目设计到诊断点确定，再到监测点的制定等更全面、更科学。①

（二）有效提升高职实践教学的质量与成效

诊断与改进是指发现工作现状与工作目标之间的差距并致力于缩短差距的质量控制方法，其目的是通过运用教育诊断理论与技术手段来判断教学全过程及其各个环节尚存的问题、分析并界定问题产生的原因、提出有针对性的改进建议与策略，以便高职院校在之后对各项目建设与教学实践进行改进与完善。

---

① 周文清. 高职院校实践教学质量诊断与改进措施［J］. 河北职业教育，2021（3）：44-47.

实施实践教学质量诊断与改进，要求对实践教学活动从教学条件建设、教学前期准备、教学组织与实施、教学项目设计、教学成果及效果等各个环节及其要素进行全面的检测与评判，进而全方位了解学校、教师和学生在促进实践教学及其质量提升中存在的不足与问题，并进行有针对性的归因分析以找出问题的症结所在，进而制定有效的改进办法与措施。这样有助于高职院校进一步完善和改进实践教学实施与管理的要求及手段等，促进实践教学质量及成效的不断提高。

二、高职实践教学质量诊断与改进的实施策略

（一）构建科学合理的诊断内容及标准体系

实践教学作为高职院校培养和提升学生技术技能水平、职业能力和综合素质的重要途径，其质量所包含的内容和要素更具一定的综合性和丰富性，质量生成过程也具有一定的复杂性。由此，在构建诊断内容及标准体系时，应紧扣实践教学自身及其质量的特性，以确保质量诊断的过程及结果的全面性、科学性与准确性。

1. 分类设定质量诊断监测点

诊断是为了找出教学内在的问题及其原因，诊断监测点是开展教学质量诊断与改进的基础，具体指向教学质量的所有影响因素，因此应从多维度、多层次来确定各类型实践教学质量诊断的关键监测点，以精确判定教学中存在的问题，确保诊断结果的全面性。

高职实践教学可分为课程实验（实训）、课程设计、毕业设计和顶岗实习四种主要类型。课程实验（实训）是针对某门具体课程，以检验某个知识点或训练某项专业技能所开展的单项活动。课程设计是为更好地掌握某门课程的整体内容而开展的综合性教学环节。毕业设计是综合运用专业知识与技能解决现实问题的教学环节。顶岗实习则是学生直接参与企业生产、经营与管理活动以提升其职业技能和综合能力的教学活动。[①]

---

① 周文清. 高职院校实践教学质量诊断与改进措施［J］. 河北职业教育，2021（3）：44-47.

不同形式的实践教学不仅教学目标、内容及所需教学条件不一样，其质量生成及影响因素也存在一定的差异。笔者依据不同实践教学类型，分别从教学输入、教学过程与教学输出三个维度来分析质量影响因素，以构建诊断内容体系，明确各关键质量监测点。（见表 12-1）

表 12-1　四种形式的实践教学诊断的关键质量监测点

教学类型	诊断点	关键质量监测点
课程实验（实训）	输入	实验（实训）教学大纲或指导书、设备或技能操作流程与规范、实验（实训）设备及其数量；实验（实训）项目的设计或内容的选择。
	过程	实验（实训）技术指导；学生技能操作表现；实验（实训）任务实施。
	输出	实验（实训）效果或成果；实验报告或实训总结。
课程设计	输入	课程设计指导书；实训设施设备及数量；设计要求与原则。
	过程	课程设计任务书；设计过程指导；学生表现及任务实施。
	输出	设计成果；设计报告书。
毕业设计	输入	毕业设计标准与指南；教学文本；前期教学组织与安排；指导老师选聘与安排；选题指导。
	过程	任务与内容设计；过程指导；学生态度与表现。
	输出	学生成果（作品）；设计报告（说明）书；设计成绩。
顶岗实习	输入	顶岗实习标准；教学文本；实习计划与安排；实习基地（单位）的遴选与考察；校内外指导老师选聘与安排。
	过程	实习岗位安排；实习内容与任务布置；过程指导与管理；学生实习表现。
	输出	实习报告；实习总结；实习考核与评价。

2. 制定有针对性的质量诊断标准

标准是进行价值判断的依据，科学而合理的质量诊断标准是确保诊断结果准确性的重要保证。

诊断标准的确定应以实践教学目标为依据，不同类型的实践教学的目标定位不一样，如课程实验（实训）以知识检验或单项专业操作技能掌握与提升为目的；课程设计是检验学生课程知识的运用能力、逻辑思维能力以及分析与解决问题的能力；毕业设计以培养学生综合运用所学知识与技术技能分析问题、解决问题的能力以及创新创造能力为目的；顶岗实习以提高学生专业技能、增加实际岗位经验、培养职业素养和提升职业能力为目的。而教学目标实现所需的基础条件及要素、路径与方法等的应然状态，即是其质量的基本标准。笔者依据各种类型的实践教学的教学目标，对照相应的实践教学质量的关键监测点，制定合理的、切实可行的质量标准。如表 12-2 所示。①

表 12-2　四种类型的实践教学的质量标准要素

教学类型	诊断点	质量标准要素
课程实验（实训）	输入	教学指导书或大纲符合课程教学目标；内容设计合理且符合学生实际情况；实验仪器（实训设备）数量充足且运行状态完好。
	过程	指导老师能熟练演示仪器（设备）操作流程且能详解操作要领，能排除仪器（设备）故障并答疑解惑；学生能自主按操作规程（要求）完成实验（实训）任务。
	输出	学生掌握了实验原理及操作技能；提升了学生的实操和分析能力；加深了学生对理论知识的理解；学生的实验（实训）报告或总结书写内容与格式符合规定与要求。
课程设计	输入	指导书符合课程教学大纲要求；任务书明确规定设计选题、内容、步骤及规范要求等；选题符合课程教学目标。

---

① 周文清. 高职院校实践教学质量诊断与改进措施［J］. 河北职业教育，2021（3）：44-47.

续表

教学类型	诊断点	质量标准要素
课程设计	过程	指导老师制定阶段性指导进度表且落实到位；指导老师能及时指导、解答以及处理学生的问题；指导老师能跟踪学生设计进度；学生参与的积极性高，有创新能力且能独立地完成任务。
	输出	设计任务的完成度高；提升了学生综合课程知识分析并解决实际问题的能力；提升了学生资料搜索和调研能力；设计报告的内容与格式等符合规定。
毕业设计	输入	毕业设计标准符合专业及人才培养目标；毕业设计指南符合专业及人才培养特点；制定具体可行的工作计划与实施细则；管理文件与制度齐全；前期教学组织规范、培训内容齐全等；制定指导老师选聘条件与考核办法；制定并明确选题要求与原则；设计任务的下达及时，设计进程安排合理，设计内容、任务及成果要求明确。
	过程	依照任务书审定学生的设计方案；指导老师适时跟踪学生毕业设计进度，制定指导进度表并认真做好指导记录包括答疑解惑等情况；学生自主性高，积极请教，及时汇报；学生能综合运用专业知识解决设计任务问题，自主学习能力以及独立完成任务能力强；答辩组织规范且记录清晰完整。
	输出	设计说明书论点鲜明、观点正确、论据充足；设计成果（作品）与任务书和方案相符合，达到了预期目标；提升了学生分析与解决问题的能力；提升了学生专业知识运用能力；提升了学生资料查阅与搜索能力。
顶岗实习	输入	顶岗实习标准符合专业及人才培养目标；制定具体可行的实习计划与实施方案；管理文件与制度齐全；制定严格的校内外指导老师选聘与考核办法；对实习单位进行资质考察与评估；实习岗位安排合理、专业对口率高；岗位实习任务和内容与实训计划、顶岗实习标准相符合。

续表

教学类型	诊断点	质量标准要素
顶岗实习	过程	检查学生实习日常出勤；制定实习指导进度表并落实到位，认真做好指导记录；及时解答学生在工作与生活中遇到的问题；与校外指导老师积极沟通以适时掌握学生的实习表现与状态；学生工作实习态度与表现积极认真；学生能按质按量完成实习岗位任务与内容。
	输出	实习报告内容符合规定要求；提升了学生的专业能力和岗位适应能力；提升了学生综合职业能力；学生对实习组织工作、实习单位及指导老师表示满意；指导老师、实习单位对学生表示满意。

（二）运用多样化的诊断技术与方法

1. 根据诊断内容选择适宜且多样化的诊断评价方法

诊断工作是建立在对大量数据与信息分析的基础上的，但由于所涉数据与信息种类繁多且在性质上也存在一定的差异，因此，高职院校须依据不同诊断内容及要素来甄选有针对性的、适宜的诊断方法。对于实训室的运行状态、仪器设施与设备数量、教学进度的落实与检查、考核、满意度等以动态数据为主的内容可选用数据分析法。对于教师实践教学与指导能力、学生过程表现与状态、学生职业技能与综合素养提升等较复杂且抽象的、质性的内容则可选择发展性评价法、调查法、观察法以及深度访谈法等多种方法来进行综合性评定。对于管理方面的规定与细则、指导性的教学大纲与指导书、操作规范与要领、实训报告等内容则可选用专家评阅法、同行评价法、结果评价法等来评判其科学性、合理性与适宜性。

多种评价方法的融合运用能确保问题诊断及原因分析的全面与合理，以及改进建议与措施的"对症"。

2. 培养一支懂评价技术与方法的诊改团队

每种评价方法都有着其特定的技术要求与运用方法，比如常用于数据分析的对比分析法，是按照特定的指标体系将客观事物加以比较，进而作出正确的评价，其关键是要选择合适的对比标准，如选择不合适，则可能得出错误的评价结论,这就要求诊断人员须掌握对比标准选择的技术方法。再如发展性评价法中的增值评价法,是一种可用于评定学生在专业技能、职业能力和综合素养等方面提升的有效办法,其关键是根据各阶段的评分与成长记录来形成学生个体增值曲线,这就需诊断人员须掌握增值评价法的应用要领。①

因此,高职院校在遴选诊改专家时有必要强调其对相关评价方法的技术掌握与运用,或在诊改实施前对他们进行专业培训,以形成一支既懂诊断理论,又能熟练运用各种评价技术与方法且具有专业水准的诊改团队,这样才能确保诊断过程到位、诊断结果全面且精准。

(三) 建立诊断与改进的元评价与反馈机制

1. 建立诊改元评价机制

诊断结果是相关责任主体实施改进与完善的依据,但如责任主体不认可诊断结果、对诊断出的问题及其归因存有异议的话,将直接影响到诊改目标的实现与改进的有效实施,因此,高职院校有必要引入元评价机制。

所谓元评价是对评价的再评价,诊改的元评价机制即是对整个诊改工作如诊改专家团的遴选及构成、诊断内容与标准要素的确定、诊断数据与信息的搜集、评价方法的运用等进行评价,以确保其科学性、合理性与全面性,这样才能保证诊断结果的精准性和客观性、归因分析的合理性,以及改进措施与对策的可行性。

2. 建立诊改反馈督查机制

诊断的目的是有效解决实践教学所存在的问题,以促进其质量的不断提升。如果诊断结论与改进建议得不到有效反馈,抑或是反馈了,但执行落实不到位,改进成效将无法保障,诊改也就失去了其积极功能与意义。由此,高职院校应建立质量诊改的反馈督查机制,一方面可了解诊断结果与改进建议的反馈是否及时、全面、准确等。另一方面,督促诊断对象及时根据诊改意见与建议进行有针对性的改进,并跟踪其改进进度与成效等。诊改反馈督查机制的建立,能有效发挥诊断的积极功能,确保诊断结果得到充分应用,

---

① 周文清. 高职院校实践教学质量诊断与改进措施 [J]. 河北职业教育,2021 (3):44-47.

使改进落到实处。①

第三节　高职院校实践教学质量诊断与改进的元评价

一、高职实践教学质量诊改的元评价的必要性

（一）元评价是确保诊改功能有效实现的需要

诊改是指发现工作现状与工作目标之间的差距并致力于缩短差距的质量控制方法，是对具体教学现象与结果所进行的价值判断，目的是评判教学工作及活动中存在的不足与问题。一般来说，教学评价在具体的实施过程中，都会由于各种各样的原因而产生不同程度的偏差或失误，这将直接影响到评价功能的正常发挥与实现。库克和格鲁德曾指出，任何一种评估都要经得起推敲，都必须经过元评估。如果对评价工作本身不进行评价，忽视甚至容忍评价中的缺点，从而使劣等乃至错误的评价顺利进行，结果只会更坏。如果原来的评价非常重要，那么与之相匹配的元评价就必须进行。诊改是提升实践教学质量与水平的有效手段，其重要性毋庸置疑。由此有必要对高职诊改工作实施元评价，把诊改活动作为元评价的对象，对诊改的数据、诊改的技术方法、诊改全过程及其结论等进行全面的分析与评判，发现其不妥与不足之处并加以改进，以减少诊改活动及过程的偏差与失误，确保诊改功能与目的的有效实现。

（二）元评价是提升诊改信度与效度的需要

高职实践教学活动的复杂性使诊改活动具有一定的不确定性，诊断过程中，所制定的诊改方案是否与本校实践教学特点相符，诊断所用的数据、信息与资源的搜集渠道是否可靠，数据、信息资料是否真实，诊断专家是否能

---

① 周文清. 高职院校实践教学质量诊断与改进措施［J］. 河北职业教育，2021（3）：44-47.

胜任诊改工作，指标的设置是否涵盖了所有实践教学形式，量化标准以及定性标准中的程度描述是否准确，所运用的诊断技术方法是否能有效找出实践教学的不足，诊断结论是否与实践教学的实际情况相符，这些都将直接影响诊断对象对诊改活动及其结论的认可度与接受度。

元评价是对诊断活动本身进行的审视与反思，它主要对评价工作的目的、评价对象、评价程序和方法（包括评价技术）、评价的结论、评价者的选择与组织等几个方面开展评价。针对诊断方案的整体设计、诊断指标与标准的制定、诊断的实施过程、诊断结论等要素，结合实践教学的实际情况来分析与评判其合理性和科学性，发现诊改活动中存在的偏差与失误，以便及时改进与完善，进而有效提升诊改活动的信度和效度。

二、高职实践教学质量诊改元评价的实施策略

任何评价都应遵循评价的基本原则、程序与要求，元评价作为一种更高级的评价也不例外。笔者从元评价的组织机制、内容标准、技术方法以及过程监管等角度来探析高职院校实践教学质量诊改的元评价实施策略。①

（一）建立教学元评价组织机制

1. 完善元评价组织机构

要使元评价正常有序的开展，并充分发挥其功能与作用，高职院校有必要建立专门的元评价组织机构。元评价是对诊改活动及其过程的规范与监控，同时也是诊改质量的有效保障，故其组织机构的设置应具有一定的权威性。高职院校须成立一个校级元评价领导机构，由主管教学的副院长任领导小组组长，负责元评价工作的具体组织与实施。

2. 组建一支高水平的元评价专家团队

元评价主体的个人资质、专业水平与实践经验是元评价有效开展以及有质量保障的决定因素，高职院校除了从内部诊改专家组的成员中遴选部分成员担任元评价专家外，还应从其他高校、科研机构等聘请一批既了解高职实

---

① 周文清. 高职实践教学质量诊改的元评价机制探析［J］. 机械职业教育，2021（5）：49-52.

践教学及其质量特性又熟悉质量诊断与改进的内涵与目的且了解元评价的理论与技术方法且经验丰富的专家，同时还应从第三方评价机构聘请专业评价人士，共同构成一支专业化的元评价专家团队，以确保元评价过程及结果的准确与客观。

3. 建立健全元评价制度

制度是由法律规范规定的，人们必须共同遵守的办事规程或行为准则。[①]元评价是规范诊断过程、提升诊改信度和效度的有效途径，应是高职院校教学质量管理与保证的一项重要工作，也应有相关制度予以规定与明确。元评价制度的建立能确立元评价的地位和作用，使元评价成为高职院校内部质量保证体系的一个重要组成部分，同时也使元评价工作的开展有法可依，以有效避免元评价工作的随意性和临时性，确保元评价的权威性。[②]

（二）制定元评价的内容标准体系

对高职实践教学质量诊改实施元评价，主要是对诊改方案、诊改指标体系、诊改实施过程以及诊改结果的有效性、科学性与可行性等进行评定，具体如下：

1. 对诊改方案的元评价

诊改方案是对诊改工作的总体安排，是诊改活动的实施准则与指南，而诊改方案能否被诊改主体所准确掌握与理解，诊改方案的科学和完备是诊改活动有序开展的基本保障。

对诊改方案的元评价，须对诊改方案整体设计的科学性和完备性进行评价，即对诊改方案的结构与要素是否完整，诊改目标描述是否明确具体、能否反映诊改目的，诊断项目及观测点的设计是否全面、是否符合院校实践教学的实际情况，诊断标准是否明确、具体与可操作，诊断程序及其要求是否有详细描述，诊改周期的安排是否合理等，进行分析与判断，找出诊改方案中存在的不当与不妥之处，并提出改进和完善建议，以确保诊改方案的有效性和可行性，同时避免由于诊改方案的问题而导致诊断结果出现偏差与失误。

---

① 吴钢. 现代教育评估基础（修订版）［M］. 上海：学林出版社，2004：93.
② 周文清. 高职实践教学质量诊改的元评价机制探析［J］. 机械职业教育，2021（5）：49-52.

2. 对诊断指标体系的元评价

指标体系是诊改方案的核心内容，是诊改目标与功能实现的关键所在，也是开展诊改活动的基本依据。指标体系的合理性、科学性以及全面性将直接决定诊改结果的可靠性和有效性。对指标体系的元评价，须根据本校实践教学的具体情况，对指标设置的合理性、指标构成的全面性、标准描述的可测性等进行评判，分析是否有遗漏的指标、所设指标能否真实反映实践教学质量要求与水平、量化的标准是否客观合理、定性指标的描述是否具体明确等，以避免由于指标的不全面、设置的不合理或标准描述不具体导致诊改专家的理解不一致，而最终影响诊改结果的准确性和可靠性。①

3. 对诊断实施过程的元评价

诊断过程是对所搜集的信息、资料等进行归纳、综合与分析，运用一定的技术方法与手段，依据诊断指标和标准所进行的一系列价值判断活动。诊断过程中所搜集的信息资料是否完整与真实、所用的诊断技术方法是否科学与有效，将直接影响诊断结果的真实性。

对诊断过程的元评价，则须对获取信息资料的渠道的可靠性、所搜集的信息资料的全面性与完整性、所选用的信息数据处理技术与评价方法的先进性和科学性等进行分析与判断，找出其中的不足与缺陷，并提出改进建议，以避免因部分信息资料的缺失或不真实、技术方法的运用不当等而导致诊断结果出现偏差与失误。

4. 对诊改结论的元评价

诊改目的是发现实践教学中存在的问题及其产生的原因，并制定有效的改进建议以促进实践教学质量的提高。诊断的最终结论是高职院校改进与完善实践教学的依据，结论是否准确客观、改进建议是否切实可行等将直接影响实践教学的改革成效，因此须对诊改结论进行元评价。对诊改结论的元评价，是对诊断出的问题是否符合实践教学实际情况、给出的改进建议是否得当合理且可行、诊断对象对结论是否认可等进行评判与复查，如发现有不当之处，还将对原诊改结论进行必要的、合理的修正，以确保诊改结论的有

---

① 周文清. 高职实践教学质量诊改的元评价机制探析［J］. 机械职业教育，2021（5）：49-52.

效性。

（三）运用多元有效的元评价技术方法

对诊改活动进行的元评价，是对诊改活动的实施过程及最终结论的科学性、合理性、有效性进行的评判，其工作的具体开展是建立在对信息、资料、数据等的分析与判断基础之上的。为确保元评价结果的准确性与客观性，提升元评价的有效性，须选用与元评价特点相适宜的、先进的、科学的技术方法。有学者提出，内容分析法、经验总结法是适用于元评价的主要方法，同时评价信度分析法和评价效度分析法也是元评价的重要量化分析法。[①]

1. 内容分析法

内容分析法是对诊改原始资料的内容及其有效性进行评判的方法，包括对诊改方案的科学性与可行性、指标体系的全面性与合理性、诊改程序设计的规范性、诊改结论的客观性与完整性等进行的分析与判断。

2. 经验总结法

经验总结法是通过分析与研究诊改实践中的经验事实并作出肯定或否定决断的方法，即对诊改过程中所运用的数据搜集与分析方法、设置的诊断内容与指标、运用的诊断方法与措施等，结合所形成的诊断结果与实践教学实际情况之间的关联度，进行深入而系统的分析与归纳，总结并概括其经验与教训，为完善与改进之后的诊改工作提供指导。[②]

3. 信度分析法

信度是指测量的可靠性、稳定性的程度，用以说明测量在多大程度上反映了所测事物的真实性。[③] 信度分析主要是对诊改过程中搜集信息、资料与数据的渠道与方法是否准确可靠，指标体系的构建是否科学、全面，以及诊改主体对指标体系的把握与理解是否一致等影响诊改结论信度的要素进行的分析与判断。

4. 效度分析法

效度是指量表能实际测量出其所要测量的特性或功能的程度，效度越高

---

① 侯光文. 试论教育评价元评价 [J]. 教育理论与实践, 1998 (4): 23-26.

② 周文清. 高职实践教学质量诊改的元评价机制探析 [J]. 机械职业教育, 2021 (5): 49-52.

③ 程书肖. 教育评价方法技术 [M]. 北京: 北京师范大学出版社, 2003: 161.

表示诊改结论的真实性就越高。效度分析主要包括内容效度分析与结构效度分析。内容效度分析主要是以诊改专家的经验判断为主，结合问卷调查进行的评价方法，是对诊改结论是否符合诊改的目的、是否符合诊改对象的实际情况等进行的评判；结构效度分析主要是分析诊改指标设置与诊改对象以及目的之间的对应关系。

除上述几种元评价方法以外，在元评价过程中还需融入其他多种评价方法，如在元评价过程中对某些资料、数据或结论的真实性存有疑虑时，还需综合运用实地调查分析法、深度访谈法以及文献查阅法等，以重新获取信息数据与资料。多种元评价技术方法的有效运用，是提高元评价结果准确性和可靠性的有力保障。[①]

（四）建立元评价的过程监管机制

对实践教学质量诊改实施元评价，其目的是提升诊改的质量和成效，元评价对于高职院校来说具有非常重要的意义和作用。当然元评价也是一种评价，任何评价在实施过程中都有可能出现偏差与失误。为避免元评价实施过程中出现的失误与偏差，以提高元评价的准确性和有效性，在元评价正式实施前，学校元评价领导小组应组织相关专家制定元评价的实施规范，明确规定元评价工作目标与具体要求，并针对不同评价内容制定相应的实施标准与细则，以确保元评价活动目标明确、程序清晰、有章可循；同时还应建立巡视检查制度，对元评价全过程进行适时督查，以及时发现并修正元评价过程中的不当行为，确保元评价实施过程的规范性，提高元评价工作的质量。

对高职实践教学质量诊断与改进实施元评价，是高职院校进一步完善内部质量保证体系的现实需要，对减少教学质量诊改的偏差、提升诊改结论的准确性和有效性具有非常重要的意义与作用。[②]

---

① 周文清. 高职实践教学质量诊改的元评价机制探析 [J]. 机械职业教育，2021 (5)：49-52.
② 周文清. 高职实践教学质量诊改的元评价机制探析 [J]. 机械职业教育，2021 (5)：49-52.

第十三章　高职教育产教融合及其绩效评价

　　产教融合作为优化职业教育育人模式、提升高职院校人才培养质量，以及推动企业转型升级的重要途径已被提升到一个新的高度，各地政府与教育主管部门正大力推进并积极开展高职院校产教融合项目的试点。

　　产教融合的实质是将高职院校单一主体人才培养模式改为校企双主体协同育人模式，即通过将企业的人、财、物等资源与学校人才培养过程进行深度结合，以实现促进学校教学形态改革与人才培养质量的提升的目的。鼓励并引导行业企业积极主动参与高职教育产教融合，使行业企业深度参与高职院校人才培养的全过程，是提升高职教育适应性的重要举措，同时也是全面提升高职院校人才培养质量、提升人才与行业企业需求适配度的重要途径。而完善的政策支持及保障、必要的绩效评价，是激发行业企业参与产教融合的内生动力，也是提升产教融合成效的有力保证。

　　本章主要介绍了产教融合的深刻内涵与管理理论；分析了我国高职院校产教融合的主要模式、必要性、支持政策，以及德国、英国和澳大利亚的高职教育产教融合的模式及支持政策；分析了德、英、澳三国的职业教育产教融合的支持政策体系对我国的启示，探索了进一步完善我国职业教育产教融合支持政策建设的策略；从项目管理理论的视角，探索了高职院校产教融合绩效评价的内涵、评价体系构建的基本原则及其具体评价指标的建构。

第一节　关于产教融合的基本概念

一、产教融合

2013 年 11 月，《中共中央关于全面深化改革若干重大问题的决定》提出，要加快现代职业教育体系的建设，深化产教融合、校企合作，提高和培养高素质劳动者和技能型人才。

2015 年 8 月教育部印发了《关于深化职业教育教学改革全面提高人才培养质量的若干意见》，将产教融合理解为理念、机制、途径，提出产教融合的目的是提高教育质量和办学活力，要求在职业教育教学工作的各个方面贯彻产教融合的理念。[①]

关于产教整合，国内学者从不同角度给出了自己的见解：产教融合就是职业教育与产业…深度合作，是职业院校为提高其人才质量而与行业企业开展的深度合作。[②]

产教融合作为核心理念，实际上指的是产业、行业、企业与职业教育、教学、科研的全过程深度融合式发展，跨越职业与教育、企业与学校、工作与学习的界限，逐步实现专业设置与产业企业岗位需求对接；课程内容与职业标准对接；教学过程与生产过程对接；毕业证书与职业资格证书对接；职业教育与终身学习对接[③]。

上述概念表明，产教融合的前提是校企深度合作，在此基础上实现学校的专业设置与企业岗位（群）、教学过程与生产过程的对接，其目的是提升高职院校的办学活力与人才培养的适应性。

笔者认为，要全面解析产教融合的含义，应从产教融合本身来进行探究。

①　孙善学. 产教融合的理论内涵与实践要点［J］. 中国职业技术教育，2017（34）：90-94.

②　陈年友，周常青，吴祝平. 产教融合的内涵与实现途径［J］. 中国高校科技，2014（8）：40.

③　杨运鑫，罗频频，陈鹏. 职业教育产教深度融合机制创新研究［J］. 职业技术教育，2014，35（4）：39-43.

产教融合包含了"产""教""融合"三个关键词，其中，"产"与"教"有着不同层面的所指，如"产"既可指宏观层面的产业，也可指中观层面与产业紧密相关的企业以及微观层面的生产；同样，"教"既可理解为宏观层面的教育，又可指中观层面与教育相关的学校，也可指微观的教学；"融合"，现代汉语词典的解释是：几种不同事物合成一体。因此，对"产教融合"含义的理解也可从宏观、中观和微观三个层面来分析。

宏观层面，产教融合指的是产业与教育的融合，职业教育是以服务区域经济发展为目的的，其与产业发展以及产业结构优化升级有着必然的联系，两者的融合指向的是职业教育的专业设置应与产业发展需求相对接。因产业升级与结构调整必将催生新的职业，而新职业的出现必将带来新的岗位，进而是新的人才需求，高职院校则须根据新的人才需求对其专业设置进行动态调整与提质改造，紧跟产业发展的步伐，以提升自身及其人才培养的适应性。

中观层面，产教融合指的是企业和学校的融合，从性质上来看，企业和学校是两个性质完全不同的主体，但从深层次上来看，两者之间存在不可忽视的关联，企业的发展与扩张需要大量的、岗位适应能力强的高素质技术技能人才，而这些人才主要来源于高职院校。两者间的融合主要指企业用人标准、岗位职责标准与学校专业教学标准、人才培养标准之间的融合，主要通过校企共同制定人才培养计划与方案、共同开发专业教学与人才培养标准，共建专业教学资源与条件，以及共同参与人才培养过程等方式来实现校企间的融合。

微观层面的产教融合指的是生产与教学的融合，即学校的教学过程与生产过程的融合，具体表现为：内容上，将企业岗位工作内容转化为教学内容；方法上，将企业实践生产项目转化为教学项目或活动，依照企业生产流程设计教学过程；情境上，将企业生产情境转化为教学情境；管理上，将企业经营管理、生产运营模式转化为教学及管理模式。

综上所述，完整意义上的"产教融合"应包括宏观、中观和微观三个层面的融合，只有这样，才能使校企间的生产与教学真正融为一个整体，使职业教育更好地服务于产业发展，使学校所培养的人才很好地满足企业的人才需求，进而促进学校与企业的共同持续发展。

二、项目管理理论

国际知名项目管理专家、《国际项目管理杂志》主编 J. Rodney Turner 认为：项目是以一种新的方式将人力、物力进行组织，完成有独特范围定义的工作，使工作结果符合特定的规格要求，同时满足时间和成本的约束条件。

项目管理理论起源于第二次世界大战，发展于 20 世纪后三十年的一种先进的管理理论。它以具体项目的管理为研究对象，通过定性、定量相结合的方法，将一些先进的管理理念和手段引入日常的项目管理中，极大地提高了项目管理的效率。

简单地说，项目管理就是以项目为管理的对象，运用先进的管理理论、技术方法与手段对项目运行与任务完成的整个过程进行组织、指导与控制，以确保项目任务的完成、预期目标的实现，并保证项目的成效。

高职院校的产教融合实质上是行业企业深度融入学校的人才培养与教学活动，共同扮演人才培养主体角色的一种人才培养模式，是行业企业以及高职院校各自为满足自身可持续发展的需要，共同发力、资源共享，最终形成一个高度融合的发展共同体。目的是提升人才培养质量、提升人才与行业企业用人标准的匹配度。

对高职院校产教融合的管理可运用先进的项目管理理论。运用项目管理理论对高职院校产教融合实施项目化的管理，从准备与组织到对具体实施过程中的各要素、各环节进行指挥、监控和控制，可全面掌握产教融合任务完成与实现程度，确保预定目标的达成。

三、绩效评价

（一）绩效的含义

有学者认为绩效是结果，如 Bernardin 认为"绩效是工作结果，它与组织的资源投入紧密相连"。

还有学者认为绩效是一种行为，如 Murphy 认为"绩效是个人为完成组织目标所贡献的一系列行为，区别于结果"；Campbell 认为"绩效与行为是同义词，绩效是人们真实表现出来的行为，并且可以被观察到"。

笔者认为，行为与结果并不是完全独立的，而是相互依存、缺一不可的，绩效所体现的应是行为与结果的结合体，即是组织为实现其目标而开展的各种活动与采取的各种行动及其产生的结果与影响的集合体。

（二）绩效评价的定义

所谓绩效评价，学者 kane 和 lawler 认为绩效评价是评价者对被评价者一段时间的表现进行判断后得到的结果。

学者赵恒伯认为"绩效评价体系是由绩效评价制度体系、组织体系以及指标体系三部分构成的，通过建立绩效评价指标体系可以对评价对象的业绩效果作出合理、量化的评定"[①]。

依据绩效的基本概念，绩效评价可界定为：是评价者对被评价者在某时间段内的活动或任务完成过程中所取得的成绩及其产生的效果或效益等进行的评判。

（三）产教融合的绩效评价

产教融合绩效是指在构建校企协同育人模式过程中各主体所取得的成绩、形成的成果以及产生的效益。在当前产教融合实施项目管理的背景下，运用项目管理理念对产教融合绩效进行评价，是评价实施者运用一定的评价方法与手段，依照一定的指标及评价标准对产教融合项目的前期准备与组织、过程投入与监管等情况以及所形成的成果、取得的成绩与产生的效益进行定性和定量的评判与评定。[②]

---

① 赵恒伯，刘繁荣. 刍议高职院校校企合作项目绩效评价指标体系的构建 [J]. 中国职业技术教育，2014（09）：41-43.

② 周文清. 项目管理视角下高职产教融合绩效评价体系的建构 [J]. 机械职业教育，2021（3）：19-22.

第二节　我国高职教育的产教融合

一、我国高职教育产教融合的主要模式

目前我国产教融合的主要模式为"订单式培养""现代学徒制"两种主要形式。

（一）订单式培养

2003 年，教育部部长周济在第二次全国高职高专教育产、学、研结合经验交流会上提出，高职教育要倡导推行订单式人才培养模式。并指出，订单式培养是以企业的用人订单为导向，确定教学目标，开展教学活动。

教育部在 2004 年颁布的《关于以就业为导向深化高等职业教育改革的若干意见》（教高〔2004〕1 号）中明确提出：高等职业院校要大力开展订单式，从专业设置与调整、教学计划制定与修改、教学实施、实习实训直至学生就业等方面，充分发挥企业和用人单位的作用，构建校企全程合作的人才培养模式。

2006 年《教育部关于全面提高高等职业教育教学质量的若干意见》（教高〔2006〕16 号）也提出，要大力推行工学结合，突出学生实践能力培养，积极推行订单式人才培养模式。

何为订单式人才培养模式？订单式人才培养模式是指作为人才培养方的高职院校与作为用人单位方的企事业单位，针对社会和市场需要共同制定人才培养计划，签订用人订单，并在师资、技术、办学条件等方面进行合作，通过"工学交替"的方式，分别在学校和用人单位进行教学，学生毕业后直接到用人单位就业的人才培养模式。①

订单式培养是以市场为导向，以用人单位的需求为依据，围绕"订单"

---

① 中华人民共和国教育部高等教育司，中国高教学会产学研合作教育分会. 必由之路——高等职业教育产学研结合操作指南〔M〕. 北京：高等教育出版社，2004.

构建人才培养全过程，按照用人单位的意图，校企合作共同培养适合用人单位"个性化"需求的人才。①

（二）现代学徒制

李克强总理于 2014 年 2 月 26 日主持召开国务院常务会议，会议提出"开展校企联合招生、联合培养的现代学徒制试点"。

2014 年 8 月，教育部印发《关于开展现代学徒制试点工作的意见》，指出"现代学徒制有利于促进行业企业参与职业教育人才培养全过程，实现专业设置与产业需求对接，课程内容与职业标准对接，教学过程与生产过程对接……是深化产教融合、校企合作，推进工学结合、知行合一的有效途径。""各地要积极开展'招生即招工、入校即入厂、校企联合培养'的现代学徒制试点"。

什么是"现代学徒制"？它与传统的师傅带徒弟又有什么区别？

关于现代学徒制的定义，有学者提出，现代学徒制是指把传统的学徒培训与学校职业教育相结合，由学校和企业双方共同合作实施的一种职业教育制度。②

还有学者从宏观与微观两个层面对现代学徒制给出了解释，认为现代学徒制在微观层面是一种以学生（学徒）为主体、以课堂和车间为地点、以"工学交替"为形式、以知识和技能为内容、以教学和生产为方法、以技术技能型人才为培养目标、以作业或产品为评价依据的人才培养模式；在宏观层面，是一种职业教育制度，是关于现代学徒制规则章程、政策法规、组织机构等制度内容的构建，其本质是探索并构建一种以制度属性为基础，以企业参与为轴心，以工作过程学习为立足点、以制度规定和执行为过程的培养技术技能型人才的职业教育制度。③

现代学徒制中的"现代"是用来区别传统意义上的师傅带徒弟的技能培训方式，它既属于制度层面，也属于人才培养模式层面，是制度建设引领下

---

① 万平. 对高等职业教育"订单式"培养的理性思考 [J]. 教育探索，2007 (6)：139-140.
② 王明哲. 西方现代学徒制经验在我国本土化应用研究 [J]. 职业教育研究，2016 (4)：5-9.
③ 曹美红，赵丽萍. 构建我国现代学徒制面临的障碍——基于制度学的剖析 [J]. 职教论坛，2017 (3)：44-48.

的高职教育人才培养模式的改革，也是指高职院校与相关企业在签订合作协议的基础上，共同制定招生方案、明确招生范围与数量，共同制定人才培养方案与教学计划，并依照培养方案各自组织教学与技能训练，即高职院校负责专业理论知识的系统教学与基本技能的传授，合作企业则通过师傅带徒弟的方式进行岗位技能的训练，是一种真正意义上的校企协同育人模式。

二、我国高职教育产教融合的必要性

对于高职教育而言，新经济时代的到来，产业的转型升级与结构调整及优化调整的进程加快以及新技术、新工艺的不断涌现，催生了一批新兴的职业和岗位，而新职业预示着岗位职业能力的重构，对所需人才也提出了更新、更高的要求。高职教育是以培养社会经济、技术发展所需的高素质技术技能人才为目标的，而要使其所培养的人才能满足社会经济快速发展、适应产业升级优化的需求，须充分了解行业企业发展及产业升级对人才在知识、技能及能力等方面的具体要求，并把这些要求融入专业的人才培养计划以及日常的教学内容与教学活动中，这就需要高职院校与相关行业企业间建立起紧密合作的关系，共同研讨并制定专业人才培养计划、建构专业课程体系，以及共同编制与开发教材，同时还需聘请企业技术与管理骨干直接参与高职院校的教学，以确保行业企业的新技术、新工艺能及时融入学校的教学活动，使学生及时了解并掌握最新的知识与技术等。

对于行业企业来说，合格且数量足够的人力资本是其快速发展的基石，新技术研发与创新是其发展的前提条件，与高职院校深度合作并参与学校的人才培养过程，企业不仅能获得所需的人才，还能为在职员工获取新知识新技术的培训机会，进而提高其员工的整体素质。另外，学校还能为企业新技术与产品研发提供技术支撑，为企业解决及攻破技术难题提供支持与服务，进而能促进企业核心竞争力和自主创新创造能力的提升，有利于企业持续快速的发展。

三、我国高职教育产教融合的支持政策

引导并鼓励行业企业积极参与高职教育产教融合是我国实现高职人才培养供给侧和社会经济与产业发展人才需求侧全面融合的重要举措。自推行产教融合出来，我国政府制定并出台一系列鼓励性的政策，在一定程度上提升了企业参与职业教育产教融合的积极性，产教融合也取得了一些显著成绩。从我国当前已制定并颁布的政策文件来看，我国已基本形成了以法律和规范性文件相结合的、以明确企业产教融合主体地位以及提供财税优惠为主体的政策支持体系。

（一）促进企业参与产教融合的基本性政策

1. 强调企业主体作用的政策

为引导与鼓励行业企业积极参与职业教育产教融合，国家及政府在多个政策文件与政府工作报告中都强调了行业企业在职业教育办学、人才培养及其质量提升中的重要主体地位。

国务院于 1991 年颁布的《关于大力发展职业技术教育的决定》（国发［1991］55 号）、2005 年颁布的《国务院关于大力发展职业教育的决定》（国发［2005］35 号）都提出要大力推行工学结合、校企合作的人才培养模式，职业学校应与企业建立紧密联系，改革以学校和课堂为中心的传统人才培养模式。

2014 年《国务院关于加快发展现代职业教育的决定》（国发［2014］19 号）明确提出，要健全企业参与制度，制定促进校企合作办学的有关法规和激励政策，深化产教融合，鼓励行业企业举办或参与举办职业教育，发挥行业企业重要办学主体作用。

2017 年《国务院办公厅关于深化产教融合的若干意见》（国办发［2017］95 号），从国家层面强调了企业在学校人才培养中的重要主体作用，也进一步明确了校企合作的具体内容，指出应将产教融合作为促进经济社会协调发展的重要举措，贯穿人才培养的全过程；应充分调动行业企业参与产

189

教融合的积极性和主动性，逐步提高行业企业参与办学的力度，全面推行校企双方协同育人机制。支持并引导企业积极参与职业学校的教育教学改革，以多种方式参与学校的专业建设与升级改造、教材开发、教学设计、课程建设、实习实训等，促进企业需求充分融入学校的人才培养环节。

除此之外，政府还在多个有关职业教育改革发展的政策文件中也有所强调，如教育部 2006 年颁布的《关于职业院校试行工学结合、半工半读的意见》（教职成〔2006〕4 号）指出，职业院校要紧紧依靠行业企业办学，进一步扩展和加强与行业企业的联系，加强教育与生产劳动和社会生产实践相结合。鼓励行业企业举办职业院校，同时鼓励职业院校依托专业发展产业，以产业发展促进专业建设。

2013 年《中共中央关于全面深化改革若干重大问题的决定》也强调：要进一步深化产教融合、校企合作，培养高素质劳动者和技能型人才。

2014 年教育部等六部门联合印发的《现代职业教育体系建设规划（2014—2020 年）》（教发〔2014〕6 号）明确提出，要坚持产教融合发展，推动职业教育融入经济社会发展和改革开放的全过程，推动专业设置与产业需求、课程内容与职业标准、教学过程与生产过程的对接，实现职业教育与技术进步和生产方式变革以及社会公共服务相适应，走开放融合、改革创新的中国特色现代职业教育体系建设道路。

《高等职业教育创新发展行动计划》（2015—2018 年）、《国家职业教育改革实施方案》以及中共十九大报告等重要文件也都强调了要深化产教融合、校企合作，充分发挥企业的主体作用。

2. 强调企业主体责任的政策

除了强调企业主体作用的政策外，我国政府还在多个政策文件中提出了企业参与职业学校教育教学活动以实现校企间深度融合是其应履行的义务。1996 年颁布的《中华人民共和国职业教育法》，首次从法律层面明确了企业的主体责任，提出"行业组织和企业、事业组织应当依法履行实施职业教育的义务"。2014 年教育部等六部门联合印发的《现代职业教育体系建设规划（2014—2020 年）》则提出"到 2020 年，大中型企业参与职业教育办学的比例达到 80% 以上"的数量目标。

2018 年教育部等六部委联合印发的《职业学校校企合作促进办法》，再次明确指出，企业应当依法履行其实施职业教育的义务，利用资本、技术、知识、设施、设备和管理等要素与校企进行合作；职业学校和企业应根据就业市场需求，共同设置专业，研发专业标准，开发课程体系、教学标准以及教材，开展专业建设，共同制定人才培养或职业培训方案，实行校企双主体育人。

从我国颁布的有关企业参与职业教育产教融合的政策来看，虽明确了企业在产教融合中的主体地位与职责义务，但对于参与企业享有哪些权利、对履职不当的企业是否有处罚以及怎么处罚等问题，尚无明确的规定。这导致企业参与产教融合的主体意识得不到深层次的增强，参与产教融合的主动性不够。

（二）激励企业参与产教融合的财税优惠政策

为激励企业更为主动积极地参与职业教育产教融合，推进校企间的深度融合，国家制定并出台了经费资助与税收减免政策。

1. 经费资助政策

2005 年《国务院关于大办发展职业教育的决定》提出，要认真落实"一般企业按照职工工资总额的 1.5% 足额提取教育培训经费，从业人员技术要求高、培训任务重、经济效益较好的企业，可按 2.5% 提取"的规定，足额提取教育培训经费，所提经费主要用于企业职工特别是一线职工的教育和培训。《关于深化产教融合的若干意见》提出，落实教育培训经费，落实好企业员工培训制度，按比例足额提取职工教育培训经费，并保证教育培训经费的 60% 以上用于一线职工的培训，同时还要求银行业金融机构按照风险可控、商业可持续发展原则支持符合条件的产教融合项目。还提出，要引导银行业金融机构创新服务模式，制定多样化的融资举措、开发多元化的融资品种以强化对产教融合的金融支持。

2. 税收优惠政策

2006 年，《财政部国家税务总局关于企业支付学生实习报酬有关所得税政策问题的通知》（财税［2006］107号）明确规定，凡与职业院校签订三年以上合作协议的企业，支付给学生实习期间报酬的，实行企业所得税税前扣除。《国务院关于加快发展现代职业教育的决定》《高等职业教育创新发展行动计划》以及《职业学校校企合作促进办法》等多个政策文件也强调，企业因接收学生实习所发生的实际费用与取得收入有关的、合理的费用支出，可按现行税收法律规定在计算应纳税所得额时扣除。

2019年国务院颁布的《国家职业教育改革实施方案》则进一步完善了对产教融合试点企业的财税优惠政策，提出，对进入产教融合型认证目录的产教融合型企业给予"金融+财经+土地+信用"的组合式激励，并按规定落实相关税收政策。试点企业兴办职业教育的投资符合条件的，可按投资额一定比例抵免企业当年应缴教育费附加和地方教育费附加。

上述经费资助与税收减免政策，在一定程度上调动了企业参与的主动性与积极性，但在具体实施中，经费资助项目以及税收减免的形式与方式比较单一，且相关激励政策因缺乏具体的执行性文件与配套性细则而无法有效落地，导致参与企业的相关利益诉求得不到充分实现，无法全面激发企业参与产教融合的内生动力，企业参与的积极性不强，产教融合的实际成效得不到保障。

第三节　发达国家高职教育的产教融合

一、发达国家高职教育产教融合的模式

不同发达国家实现行业企业深度参与职业教育办学及教学的模式不尽相同，如德国为"双元制"，英国为"现代学徒制"，澳大利亚为"TAFE"模式，但其本质内涵是一致的，其目的都是实现行业企业与高职院校的双主体协同育人、提升职业教育人才培养的质量。

（一）德国的"双元制"

德国职业教育的"双元制"是国际上企业参与职业教育产教深度融合的

成功典型。"双元制"实质上是指职业学校和企业同为职业教育的实施主体，两者在职业教育人才培养中扮演着不同角色，也承担着不同的职责与义务，职业学校主要负责学生的理论知识的教学，企业则负责学生的专业实践技能的培训。"双元制"的成功实施，离不开企业的高度而深入的参与。为确保企业积极参与职业教育，德国政府在构建职业教育管理体制过程中，通过法律法规来确定行业企业在职业教育中的主体地位，并赋予行业企业参与职业教育管理与决策的权利，从而保证了产业与教育的长期深度融合。

1. 行业企业有权参与职业教育的管理决策

在德国，职业教育管理机构分三级，即联邦政府、州政府、地区政府。"联邦职教所委员会"是德国职业教育的最高管理机构，其成员除了联邦政府、州政府代表外，多数来自行业协会和工会组织的代表。州政府一级的管理机构，主要是州文教部以及由雇主、雇员及州政府代表组成的州职业教育委员会。地区一级管理机构主要是行业协会，主要包括工商行业协会、手工业行业协会、农业协会、律师协会、医生协会等经济组织，行业协会设立职业教育委员会作为执行管理的机构，这个委员会由 6 名企业主委员、6 名工人委员和 6 名职业学校教师代表共同组成,[①] 行业协会主要负责教育企业资质的认定、培训结业考试的组织与实施、教育过程的监督以及教育规章制度的制定与颁布等。

2. 行业企业参与"双元制"的过程管理与考试组织

一方面，行业协会每年都会通过对各行业劳动需求状况的分析来制定年度学徒招生计划，只有那些被企业录用的且与企业签订了培训合同的学徒才能进入对口的职业学校学习。由此，企业的学徒招生计划就决定了职业教育的招生规模。另外，行业协会还负责审查学徒与企业签订的培训合同以及确定"双元制"的具体培训时间等。另一方面，行业协会负责组织学徒培训考试，学徒在"双元制"培训期间需参加两次国家考试，而这两次考试都是由行业协会设立的考试委员会具体负责组织与实施，最终考试成绩是以企业出示的实训操作成绩为主，职业学校出示的理论成绩为辅。

---

① 张熙. 德国双元制职业教育概览 [M]. 海口：海南出版社，2000：185.

3. 行业协会还负责对"双元制"的实训教师进行具体管理

实训教师主要负责企业部分的技能培训,虽然实训教师的宏观管理主要是由联邦教育部、各州文教部负责,但各行业协会以及教育企业则负责实训教师的具体事项的管理,如依照《联邦职业教育法》对实训教师进行培训,根据联邦政府及州政府的相关法规与要求对实训教师进行考核,根据考核结果认定资质并颁发文凭等。

(二) 英国的"现代学徒制"

英国的"现代学徒制"是在传统学徒制基础上发展起来的,由雇主资助,实行非全日制课程、在职培训、工作经验相结合,完成培训的学徒通过考试可获得职业资格水平证书、技术资格等。[①] 它是一种工作场所学习与学校教育相结合的新型的职业教育与培训模式,也是英国行业企业及雇主深度参与职业教育的主要途径。1993 年 11 月,英国政府宣布实施"现代学徒制"计划,并于 1994 年首次在 14 个行业部门试行该计划,这 14 个行业部门包括农业、园艺、商业管理、化工、育儿、建筑工程、信息技术与零售业等。这些行业部门的实施框架后来成为"现代学徒制"的模板。到 1995 年 9 月,共计 54 个行业部门参与了"现代学徒制",到 1997 年,全国共有 72 种"现代学徒制"培训框架。[②] 目前,英国"现代学徒制"分为特级学徒制、高级学徒制和中级学徒制,分别与国家职业资格框架中的四级、三级和二级对应。

英国"现代学徒制"的实施是由培训提供者(机构)与行业企业共同制定学徒培训计划,学徒在培训前须与企业及雇主签订学徒培训协议,培训机构与企业共同参与人才培养过程,培训机构负责文化理论知识的培训,企业负责实践技能的训练。具体包括:

1. 行业企业参与学徒培训内容的制定

英国政府为行业企业及雇主提供了表达其人才技能需求的平台和参与制定学徒培训内容的权利。英国"现代学徒制"的开发主体是行业技能委员

---

① Steven McIntosh. The return to Apprenticeship training [J]. Journal of Education and Work, 2005, 18 (3): 251-282.

② David Gray, Mark Morgan. Modern apprentices in college: something old, something new [J]. Journal of Vocational Education and Training, 1998, 50 (2): 277-290.

会，而雇主可与行业技能委员会共同判断未来技能需求、开发职业标准并影响未来职业资格设置，这样就为雇主提供了一个表达行业劳动力技能需求的平台，进而能影响相关政策的制定。英国的就业与技能委员会主要负责评估英国就业和技能方面的发展情况、向政府提交关于增加工作岗位及提高技能等方面的建议、监管英国就业和技能体系的工作。行业技能协议是雇主和培训提供者之间签订的协议，详细描述了各行业技能的缺乏情况，并提出解决问题的途径，是建立一种了解行业技能缺陷、明确工作内容的机制。[①] 另外，各行业依照《产业培训法》组建由劳资双方代表和教育专家代表按规定的比例组成的产业培训委员会，主要负责制定相关培训政策与制度、制定培训标准和大纲、实施培训课程、设计培训考试等。

2. 行业企业及雇主参与国家职业标准的制定

在英国，行业企业及雇主是国家职业资格管理体系的成员，参与国家职业资格体系的制定。国家职业资格和标准认定委员会是制定国家职业资格、政策、标准，负责资格认定以及证书发放的最高机构，其委员会成员由 13 名来自工商企业和教育界的代表组成；行业标准委员（或行业技术协会）是负责依据国家职业资格制定行业职业标准的机构；考核证书委员会是负责职业资格考核以及证书发放与审核的机构，其主要职责是制定课程标准，根据行业技术协会制定的职业标准制定各专业的课程体系、课程大纲和评估标准，[②]其成员由行业专家组成；地方训练教育机构是负责培训工作的组织与管理的机构，由地方企业支持。国家职业资格既是学徒制的实施标准，也是企业及雇主录用学徒的主要依据，英国的学徒制项目是行业技术委员会与企业共同根据国家职业资格标准开发的。

（三）澳大利亚的"TAFE"

澳大利亚"TAFE"技术与继续教育学院的办学是以行业企业与院校共为主体的校企合作办学模式，澳大利亚政府在进行相关制度的设计过程中，以

---

① 刘育锋. 英国职业教育与劳动力市场需求匹配的新机制 [J]. 中国职业技术教育, 2010 (24)：13-16.

② 张慧霞，王东. 英、美、澳职业教育校企合作制度化的经验及启示 [J]. 职业技术教育, 2011 (19)：81-85.

及在国家职业资格框架与质量框架以及培训包的制定过程中都会吸纳行业企业相关人员，并赋予他们一定的权利，使行业企业的需求能很好地融入院校的教育教学活动中，实现行业企业与职业教育的深度融合。

1. 行业企业参与培训包的开发

培训包是由澳大利亚国家行业技能委员会制定并颁布的，而委员会的成员主要由各行业企业代表组成。培训包是根据行业的就业需求而制定的全国统一且通用的职业能力标准体系。截至 2012 年，11 个行业技能委员会通过共同研讨，已为不同能力的群体编写了 70 个职业教育培训包，包含 267 个不同的行业和 1843 个资格标准，明确了课程、教材、费用、时间、场地、考核、评估等各方面的内容，详尽且可执行性较高。[①] "TAFE" 根据政府下达的课程通知，从地方行业咨询委员会领取相关课程培训组合包进行课程教学设计并组织实施。

2. 行业企业参与国家职业教育资格框架的制定

澳大利亚职业教育资格框架（简称"AQF"）是全国统一的、与工作岗位相对应的教育与培训证书体系，其资格标准的制定与证书认证及管理由联邦和各州政府、国家培训总局、国家职业教育研究中心以及行业培训咨询委员会共同负责。AQF 是以行业需求为导向，以职业能力为基础，将各行业所需的能力进行整合而形成的不同能力单元，在此基础上来制定相关的资格要求与标准，进而使职业资格证书内容与职业岗位能力要求的一一对应，具有非常强的行业针对性。

3. 行业企业还直接参与 "TAFE" 学院办学的全过程

"TAFE" 学院按各州政府规定都设有理事会，理事会对学院的重大事项具有决策权，包括院长的选聘、招生规模的确定、新专业的设置以及新培训项目的开发等，而理事会的超半数成员是来自行业企业的资深专家，使行业企业在 "TAFE" 学院的教学与管理中具有绝对的话语权。另外，"TAFE" 学院的教师都会加入相对应的行业委会员，并积极地参与行业委员会组织的

---

① 黄斌. 澳大利亚 TAFE 教育与大学教育衔接的路径及启示 [J]. 江苏社会科学，2012（S1）：113-116.

各项活动，这样有利于教师适时掌握行业企业的最新发展与需求信息；同时，行业企业也支持并鼓励在职员工到"TAFE"学院担任兼职教师并为其提供必要的时间保障，还为"TAFE"学院的学生提供对应的实习岗位，有效实现了学院的教学活动与行业需求的对接。

二、发达国家高职教育产教融合的政策支持

行业企业深度参与职业教育人才培养的全过程是世界各国职业教育发展的共同规律，发达国家为促进与激励行业企业积极参与职业教育的产教融合，制定并颁布了一系列的法律法规，形成了较为完备的产教融合政策支持体系，主要包括两大部分，一部分是以确立企业参与产教融合的主体地位、明确参与企业的义务和权利、提升企业参与积极性为主体的基本性政策；另一部分是为激发行业企业参与产教融合的内生动力以及保障其权益而制定的相关配套性政策。

（一）发达国家激励企业参与产教融合的基本性政策

发达国家主要从立法的角度，确立企业在产教融合中的主体地位与作用、明确其职责义务与权利，既使企业的参与行为与活动有法可依，也提升了企业参与的积极性。

1. 德国

德国"双元制"的成功无不得益于德国完备的支持政策，这些政策既确立了企业在产教融合中的主体地位，也明确了其具体职责与义务。如20世纪30年代颁布的《青年劳动保护法》《手工业条例》《企业基本法》《培训员资格条例》等一系列法规，都明确规定了企业参与职业教育与培训的责任和义务，并提出企业必须支付学徒培训期间的报酬，必须确保学徒在规定时间内完成培训计划中的内容。

联邦德国议会在1969年颁布的《职业培训法》中规定，职业培训由行业及相关公共服务机构、专业培训机构等与职业学校以及其教育机构合作培养技术技能，这是一种"双元"的人才培养体制，其中行业及相关机构负责

技能培训，职业学校则负责理论知识的教学。同年颁布的《联邦职业教育法》也强调了行业企业在职业教育与培训中的地位与作用。除此之外，德国还通过出台《职业培训条例》《改进培训场所法》等以及各州教育法对行业企业参与职业教育与培训的行为以及其他相关事宜进行了约定，如 1972 年的《企业基本法》明确指出企业须为职业培训提供所需岗位、设备设施、师资力量、场所以及资金等。《职业培训条例》则规定，提供培训的企业不得安排培训学员从事与培训内容及目标无关的工作，如因此导致学员因未能通过最终的结业考核而无法顺利就业的，企业须赔偿培训学员由此所遭受的经济损失。

2. 英国

为了全面推进"现代学徒制"的发展，推进行业企业深度参与产教融合，英国政府在 1944 年颁布的《教育法》中就明确了企业参与职业教育及培训的主体地位。为了提升企业参与产教融合的主动性与积极性，充分增强行业企业参与职业教育产教融合的主体意识，英国政府出台了一系列的政策法规。其一是赋予企业主参与制定职业教育教学标准的权利，如《英格兰未来的学徒制：执行计划》规定学徒制的标准须以雇主设计的为基础。其二是为企业组织的培训活动提供相关费用，在 1964 年颁布的《产业训练法》中规定，由劳资双方代表与教育专家共同组成的"产业训练委员会"可向本系统的企业主征收一定的培训费，除支持自身的活动外，还为企业主所开展的培训提供资助，从立法的角度解决了企业培训经费的问题，大大激发了各企业参与职业教育及培训的积极性。1988 年颁布的《教育改革法》还规定由企业和政府联合创办以技术教育为主体的城市技术学院，进而使行业企业与学校融为一体。

3. 澳大利亚

澳大利亚通过建立并实施国家资格框架体系，使行业企业与学校的联系更加紧密，还通过制定一系列政策法规，强调行业企业在促进职业教育发展、提升职业教育质量等方面的重要性，并明确了行业企业参与职业教育的职责义务，同时还赋予了行业企业参与职业教育相关决策的权利，进而使行业企业更积极、更主动地参与职业教育与培训。如 1974 年的《坎甘报告》明确指出，要充分发挥行业企业在职业教育中的重要作用，在职业教育活动中要考虑企业的利益诉求。1990 年颁布的《培训保障法》从经费保障的角度进一步明确了企业在职业教育与培训中应尽的职责与义务，规定年收入在 22.6 万澳元以上的企业雇主须将不少于年度工资总预算的 1.5% 用于内部员工的培训，对于未达到最低标准的雇主，则要求其依法向国家培训保障机构补全差额。1995 年，澳大利亚政府规定由行业负责根据国家资格框架（AQF）制定某一行业的具体能力标准并集成培训包。《2012 年职业教育专业认证标准》也明确规定，行业企业不仅参与能力标准或能力模块的开发，同时所开发的标准或模块还须得到行业企业的认可，这样既确立了行业企业在产教融合中不可或缺的地位，也使得行业企业与"TAFE"之间的合作更加紧密。

（二）发达国家激励企业参与产教融合的配套性政策

发达国家为激励参与产教融合的行业企业更好地发挥其作用、履行其职责与义务，还制定了一系列配套性政策，主要包括财税优惠政策、行业协会权利保障政策。

1. 财税优惠政策

企业参与职业教育产教融合所投入的大量人力、物力和财力将产生高昂的成本，会增加其经济运营负担。为了减轻企业负担以消除其参与产教融合的后顾之忧，发达国家制定了多种经费资助与税收优惠政策。

（1）德国

德国政府明确规定，培训与非培训企业在一定时期内都须缴纳培训基金，通常按企业员工工资总额的一定百分比提取，比例一般介于 0.6% ~ 9.2% 之间，然后，国家统一分配和发放这部分资金用于职业教育。[1] 1970 年颁布的《劳动促进法》则规定，由德国政府设立中央基金，中央基金主要用于资助

---

① The European Centre for the Development of Vocational Training. The Material and Social Standing of Young People During Transition from School to Work in the Federal Republic of Germany ［M］. Berlin Press，1990：78.

企业的培训活动，通常情况下，企业可获得其净培训费用的 50%～80% 的资助，特殊情况下，可获得其净培训经费的全额资助。另外，德国政府还为参与职业教育及培训的企业提供了一系列的财税优惠与减免政策，如规定企业因参与职业教育及培训而产生的相关费用可计入其生产成本，即可在一定程度上少缴纳企业所得税；对于中小企业，如为职业教育而需新建实训车间以增设培训岗位的，可获得低息的专项贷款；所需小额费用则由国家全额支付，大额费用如大型的机器设施与设备、厂房建设等则可获得由国家给予的一定补贴。德国通过为参与职业教育产教融合的企业提供经费保障与税收减免，减轻了企业的经济负担，同时也大大提升了企业参与的主观意识与能动性，促使校企间的产教融合能有效实现。

（2）英国

2002 年，英国政府在三年内为学习与技能委员会资助并推行的以雇主需求为导向的雇主培训计划投入了 2.9 亿英镑，2005 年又追加了 6500 万英镑，共吸引了超过 2.3 万名雇主和 20 万名雇员参加。① 另外，政府还为参与职业教育及培训的企业提供了一系列的税收优惠与减免政策，对于年营业总额低于 2500 万英镑的企业，如其在职业教育与培训中的年投资超过 5 万英镑，给予 15% 的税收减免优惠。而对于那些没有盈利的中小企业，但与高校建立了合作或参与了投资的，可预先申请税收减免或优惠，通常情况下，可获得其研发投资的 24% 的减免。另外，英国政府向那些为职业学校学生提供实习岗位的企业给予了一定的税收减免与优惠，也为直接参与学生培训工作的企业提供部分工资补助金。英国政府通过专项拨款以及提供补助、税收优惠政策等方式，为参与企业提供了充足的经费保障，有效激发了企业参与产教融合的内生动力。

（3）澳大利亚

联邦政府以及各州政府均出台了一系列激励行业企业积极参与产教融合的政策法规，如 1988 年的《拨款（学校资助）法》、1989 年的《拨款（技

---

① Employer Training Pilots：Final Evaluation Report［EB/OL］. http：//www. dfes. gov. uk/research/data/uploadfiles/RR774. pdf.

术与继续教育资助）法》、1992 年的《职业教育与培训资助法》、南澳洲
1975 年颁布的《技术与继续教育法》、维多利亚州 1990 年颁布的《职业教育
与培训法》等，这些政策法规为参与产教融合的企业提供了优厚的经费补
助、财税减免政策。联邦政府按学徒接受培训的等级发给企业补助金，若企
业为学徒提供二级证书的培训，均可获得 1250 美元的补助，提供三级、四级
或更高级证书的培训，可获得 1500 美元的补助。[①] 另外，为鼓励企业更好地
履行其在职业教育及培训中的职责与义务，对在执行《培训保障法》过程中
表现突出的以及用于职业资格开发的费用达到其年度工资总额 5% 及以上的
企业，依照《培训保障法》的规定免除其费用。除此之外，政府还规定对参
与职业教育与培训的企业减免职业教育附加税等。澳大利亚通过为参与企业
提供多种资助与优惠政策，确保了企业的投入回报，大大提升了企业参与的
积极性。

2. 行业协会的权利保障政策

行业协会或组织作为连接政府、企业和职业院校之间的重要纽带，在
推进企业积极参与产教融合以及确保国家产教融合政策有效落地等方面起
着至关重要的作用。发达国家为充分发挥行业企业在产教融合中的作用，
通过吸纳行业协会成员加入国家行政管理机构或通过共建委员会等方式，
赋予行业协会在产教融合实施中不可或缺的地位以及参与国家职业教育决
策的权利。

（1）德国

德国政府在 1969 年颁布的《职业教育法》中明确规定，行业协会作为
职业教育的主管机构，行业协会下设的职业教育委员会是参与职业教育的主
要部门，由雇主代表、雇员代表和职业院校教师代表各 6 名共同组成，主要
负责对职业教育的具体实施过程进行管理和监督。[②] 行业协会作为全体企业
的代表，主要负责企业中职业教育的安排与组织，负责协调企业和职业学校

---

① Summary of the Australian Government Australian Apprenticeships Incentives Programme，July 2008
[EB/OL]. http：//www. australianapprenticeships. gov. au/employer/incentives. asp.

② 邓志军，李艳兰. 论德国行业协会参与职业教育的途径和特点 [J]. 中国职业技术教育，
2010（19）：60-64.

在教学过程实施、教学活动组织中的矛盾，以及企业与学生之间的关系。另外，德国职业教育的最高管理机构"联邦职教所决策委员会"的成员也是由雇主、工会和联邦各州代表共同组成的。

（2）英国

1988 年英国政府成立的培训与企业委员会中有三分之一的委员是来自工商业界的代表。2001 年培训与企业委员会与继续教育基金委员会合并为学习与技能委员会，学习与技能委员会继承了前两者的精神，确保教育提供者、受教育者、企业雇主三方的联系，并在学习与职业融合方面做了更多的努力。另外，在《就业与培训法》基础上建立的人力服务委员会中也有劳资双方的代表；在全国产业训练委员会中 90% 的成员是来自中小企业；在负责制定全国职业资格证书制度的国家职业资格委员会中也有一定比例的企业代表。

（3）澳大利亚

澳大利亚的行业协会与职业教育的关系非常密切，在所有联邦和州政府的职业教育管理机构中，都有行业代表参加，如 2006 年成立的国家行业技能委员会中有 9 名成员是来自联邦政府以及州级的行业及组织代表，同年成立的国家质量委员会也有行业、工会代表参加等，使行业及行业协会有权参与国家职业教育与培训质量考核标准的制定以及质量监控等重大活动。

综观发达国家激励行业企业参与产教融合的支持政策，可以看出，政府不仅确立了行业企业在职业教育产教融合中的主体地位，也对其参与职业教育人才培养的社会责任、经费分担、享有权利以及相关事宜等进行了明确规定与硬性约束，增强了企业参与产教融合的主体意识。另外，完善而具体的财政支助与税收减免政策则有效保障了企业参与产教融合的利益，再加上对行业协会或组织参与职业教育决策的权利赋予，大大提升了企业参与产教融合的主观能动性和积极性，不仅确保了国家政策的有效落地，也使企业与职业教育间的联系更为紧密、融合更广更深。

第四节　发达国家高职教育产教融合对我国的启示

　　我国政府在多个政策文件中强调了企业参与产教融合的重要性，表明了国家鼓励与支持校企深度融合协同培育技术技能人才的态度，大大提升了企业参与职业教育产教融合的积极性，也使我国产教融合取得了一定的成绩与成果。但相比德国、英国、澳大利亚三国，我国在推进企业参与产教融合的支持政策建设方面仍存在一定的不足，如法律政策建设仍显单薄，具体化的配套性政策仍不够完善等，导致已有相关政策不能有效地执行到位。因此，我国需学习发达国家的成功经验，进一步加强产教融合法律法规建设，完善激励企业参与产教融合的政策支持体系。

一、完善产教融合立法建设，提升政策的执行力

　　从立法的角度来看，我国与产教融合相关法律只有《中华人民共和国职业教育法》，虽政府也出台了多个政府文件强调企业参与产教融合的重要性，但多以鼓励为主，规定性与约束性不够。而发达国家为促进企业参与产教融合，颁布了多个综合性与专项性法律，使企业参与产教融合的各项事宜都有法律的依据、约束与保障，确保了产教融合的有效实施。由此，我国应借鉴发达国家的做法，进一步完善企业参与产教融合的立法建设。

　　一方面，制定一系列与产教融合有关的基本法规，如校企合作与产教融合实施法、职业教育与培训促进法等，强调企业在产教融合中的主体地位的同时，使企业在产教融合中应履行的义务、承担的责任以及享有的权利具体化，使企业的参与行为有法可依。

　　另一方面，还需建立多个以推进基本法有效落地的专项性单行法，如产教融合经费资助法或保障法、财税减免与优惠法等，对积极参与产教融合的

企业予以经费资助和税收上的奖励及补助，以消除其后顾之忧。相关法律法规的完善，能促进企业更主动地去履行其参与职教产教融合的职责义务，还能有效保障相关政策法规的落地，提升政策的执行力。

二、健全地方性财税优惠政策，激发企业的内生动力

财税优惠政策是激励企业参与产教融合最有效的政策，我国政府在多个政策文件中强调要落实财税政策、强化金融支持，但由于缺乏细化的执行性法规作为支撑，相关政策并没有完全落实到位。企业作为营利组织，如其利益诉求得不到充分满足、利益得不到明确保证，那么，其参与产教融合的内生动力是很难被激发的。而在发达国家，地方政府或州政府会依据国家或联邦政府的财税政策出台与资助与优惠政策相关的具体法规，如澳大利亚各州政府颁布的各类资助法、拨款法等，提出了多种财税资助方式，明确了资助额度与税收优惠比例等，有效提升了企业参与的主动性。

由此，我国政府应督促地方政府联合相关职能部门，依照国家相关法律政策的精神，结合各地的实际情况，尽快出台对应的经费拨款与资助、税收优惠的实施细则与执行性文件，细化经费资助、税收优惠或减免的额度与比例，并制定简单而便利的申报流程，为参与产教融合的企业提供优惠保障的同时，也为其获取优惠提供各种便利，更好地激励其主动参与产教融合。

三、强化行业权利，保障政策建设，切实发挥行业的指导作用

2011年颁布的《教育部关于充分发挥行业指导作用推进职业教育改革发展的意见》虽强调了行业在确保职业教育发展规划、教育内容、培养规格、人才供给适应产业发展需求等方面具有不可替代的作用，但由于行业在促进产教融合中的具体地位和作用缺乏法律依据与支持，行业的指导与

协调作用得不到有效发挥。在发达国家，通过立法规定以及吸纳雇主或企业主与行业及组织代表直接进入国家职业教育管理机构等方式，明确行业企业在产教融合中所享有的权利，使行业企业具有参与职业教育与培训相关决策的话语权，进而使行业与职业教育间的联系更加紧密，从而有效促进校企间的深度融合。

由此，我国应加强行业权利保障政策的建设，在相关法律中既要明确行业及组织对促进产教融合的重要性，同时也要赋予其参与国家及各级政府职业教育决策制定的权利，让行业及组织有权参与职业教育改革发展的法规建设、参与国家职业教育教学标准以及相关质量考核标准，如专业建设标准、课程标准、人才培养标准、技能等级标准以及各级学生职业技能竞赛评定标准等的制定，确立行业在产教融合中的主体地位，以切实发挥行业的指导与协调作用。

总之，产教融合是促进职业教育持续发展和提升职业教育人才培养质量的重要途径，健全的产教融合政策支持体系是激励企业积极主动参与职业教育产教融合的有力保障。我国应进一步强化与产教融合相关的立法建设，加强地方配套性的执行法规与实施细则的建设，充分发挥行业的指导作用，构建政府、企业和学校利益共同体，从根本上激发企业参与职业教育产教融合的主观能动性，推进产教融合的有效实施。

第五节　高职院校产教融合的绩效评价

一、高职院校产教融合绩效评价的意义

《职业学校校企合作促进办法》（教职成〔2018〕1 号）明确提出：职业学校与企业应建立校企合作的过程管理和绩效评价制度，定期对合作成效进行总结，共同解决合作中的问题，不断提高合作水平。

实施产教融合绩效评价一方面是为了监测校企双方在产教融合过程中存

在的问题与不足，并及时提出修正与改善策略，以确保既定的绩效计划和目标的完成与实现；另一方面，对产教融合所取得的成绩及其效益的目标达成度进行评定，以有效监测产教融合的效度，这对产教融合的各主体来说有着非常重要的现实意义。①

（一）政府层面

政府作为产教融合的主导者与推进者，为加快校企产教融合的进程、提高企业参与的积极性、促成产教融合的有效落地并确保其成效，除了制定并出台一系列的政策、制度、办法外，还在重大会议上多次强调其重要性。对高校产教融合的绩效进行评价，不仅能让政府及教育行政管理部门及时了解相关政策制度的落地情况以及产教融合的具体开展情况，还能及时发现校企双方在融合过程中存在的瓶颈问题以及相关政策与制度的漏洞等，能为其进一步完善相关政策与制度、调整运行体制以及部署与开展下一步工作等提供参考依据。

（二）学校层面

高职院校作为产教融合的直接主体，对产教融合寄予了厚望，希望它能有效提升自身办学效能与人才培养质量等，进而提升服务社会经济发展的能力与社会声誉。绩效评价能帮助高职院校发现产教融合过程中存在的不足，如融合内容是否够深、融合所涉范围是否够广、融合的举措是否恰当、融合是否达到了预期的期望与效果等，并找出导致这些问题产生的原因，进而为其进一步完善产教融合管理体制、改善产教融合过程措施与策略等提供有效依据，为产教融合目标的顺利实现提供有力保障。

（三）企业层面

企业作为产教融合的重要主体之一，一直以来对参与高职院校办学与人才培养的意识不强烈、态度也不积极，产教融合多表现为"学校热情高、企业态度冷"的现象，究其原因，主要是企业感觉不到产教融合能给其带来的利益，投入回报是决定企业是否参与高校教学与人才培养过程的关键所在。

---

① 周文清. 项目管理视角下高职产教融合绩效评价体系的建构［J］. 机械职业教育，2021（3）：19-22.

产教融合绩效评价既对学校教学改革与人才培养等方面取得的成绩进行评判，还对融合给企业的持续发展所带来的收益等进行评定，这样能让企业了解其投入与产出的状况，了解产教融合给其创造的价值与效益等，能激发企业参与产教融合的主观能动性、提升其参与学校教学活动的能动性和积极性，有利于构建更广更深的融合关系。[①]

二、高职产教融合绩效评价体系的建构

（一）产教融合绩效评价体系的构建原则

1．利益共存共融的原则

产教融合是在政府主导与推进下，高职院校与行业企业间通过在各个层面、各个环节的广泛而深入的合作，充分利用各自的资源优势，进而实现资源共享与互补，以同时实现加快高职教育改革、人才培养质量提升、服务产业转型升级与促进社会经济发展四大任务。虽政府、高校以及行业企业在产教融合中投入的大小与程度不一样，但都希望其投入能得到一定的回报或收益，对产教融合有着不同的利益诉求。高职院校作为产教融合的第一主体，希望其投入能换来高的办学效能和好的社会声誉、高质量的人才与高水平的社会服务等。企业作为产教融合的第二大主体，其参与高职院校的人才培养过程与学校建设，希望能获得更多所需的合格的人力资源，以有效提升其新技术研发与新产品开发水平以及市场竞争力等。政府则希望通过校企双方深度的产教融合推进社会经济以及职业教育的快速发展、提升毕业生就业率等。因此，在构建绩效评价体系时须全面考虑各主体的利益诉求，科学而合理地设计评价指标，确保各主体的利益在评价体系中的共存和共融，以促进各主体更积极主动地参与产教融合的管理、实施与质量保证等。

---

① 周文清. 项目管理视角下高职产教融合绩效评价体系的建构［J］. 机械职业教育，2021（3）：19-22.

2. 过程与结果并重的原则

高职院校产教融合是以项目的形式进行建设的。项目管理是管理者运用系统的观点、方法和理论对项目所涉及的全部工作及过程进行有效的管理。将项目管理理念运用于产教融合的绩效评价，将产教融合作为一个独立项目，从项目的整体规划、过程组织与监管、效果及成效检测等方面构建评价体系，制定科学合理的评价指标及标准、明确评价的基本原则与流程，目的是使产教融合全过程都处于有序的领导、控制、协调与监测中，使产教融合朝着预定目标发展。因此，在设计评价内容时除了关注项目任务完成的数量与程度、产生的效果与收益外，还应兼顾项目的实施与管理过程，即应将各主体在项目实施过程中为促进项目目标和任务的有效达成与实现所开展的工作、组织的活动以及采取的管理手段与举措等纳入评价内容，进而构建一个集结果评价与过程评价于一体的绩效评价体系。[①]

3. 评价主体与方法多元的原则

高职院校和企业作为产教融合的两大主体，对产教融合的绩效都有着自己的诉求，绩效如何，如单凭某一主体从自身角度来评判绩效的好坏是有失客观和全面的。由此，高职院校和合作企业作为产教融合的直接参与者都应成为其绩效的评价主体。除此之外，政府及教育主管部门作为产教融合的主导者与推进者，也应成为产教融合绩效的监督者。另外，为最大限度地保障评价效果，还需有独立于政府和学校之外的第三方评价机构的参与。评价主体的多元化，能多视角、多维度地对产教融合的绩效进行评判，进而使评价内容更完整。

产教融合是学校教学与企业生产的深度融合，既涉及高职院校复杂的人才培养过程，还涉及企业的运营生产过程，内容多且范围广，其中有些内容是可通过"量"的变化来判定的，如共同开发的教材数、共建课程数与实习实训基地数等；而有的内容则体现的是"质"的变化，如学生职业能力和综合素养的提升等，这些是无法用具体的数字来评判的。因此，在对产教融合

---

① 周文清. 项目管理视角下高职产教融合绩效评价体系的建构 [J]. 机械职业教育，2021 (3)：19-22.

绩效进行评价时，须依据评价内容的性质来选择适宜的评价方法，能以数量衡量可采取定量评价法，不能的则采取定性评价的方法，如针对学生能力和素养的评价，可运用发展性增值评价法等。多种评价方法的有效结合与科学运用，能确保评价结果的全面性和准确性。

（二）产教融合绩效评价指标的构建

在开展产教融合评价时，应充分考虑各主体在产教融合实施过程中以及各个环节中参与的具体深度和广度，以及所取得的成绩与产生的效益。从产教融合的过程及其形成的结果两个角度来构建指标体系，以对产教融合项目的实际成效作出全面而准确的评判。

1. 过程性指标

过程性指标主要指向各参与主体在产教融合实施过程中的投入、组织与管理等。学校层面，产教融合贯穿学校人才培养活动的全过程，学校在这过程中设立的专门项目管理部门、制定与落实的相关制度与实施细则、投入的人财物、开展的校企研讨与交流以及培训活动等都直接关乎产教融合的最终成效，应成为过程评价的主要检测点。①

企业层面，企业参与学校教学活动的深度与广度及其投入量是影响产教融合最终成效的关键性因素，由此，企业参与高职院校的人才培养方案制定、课程体系建设、教材开发、教学实践与研讨活动开展等的深度和广度，以及企业为改善高职院校的实践教学条件所投入的经费与提供的技术支持等都应成为过程性评价的观测点。

政府层面，则重点观测政府为产教融合的快速推进与有效落地所制定的促进与激励机制、优惠政策与创设的适宜环境等，如以项目资助的方式为高职院校产教融合项目提供一系列财政优惠、税务减免政策以及建立项目督查与监管制度等。具体见表13-1。

---

① 周文清. 项目管理视角下高职产教融合绩效评价体系的建构［J］. 机械职业教育，2021（3）：19-22.

表 13-1　高职院校产教融合绩效评价的过程性指标

评价对象	评价内容	具体指标
高职院校	项目的准备	设立专门的组织机构、配备专业人员
		出台项目实施细则与管理制度
		建立项目运行与监管机制
	项目的投入	实践教学经费投入增长比
		投入项目经费占年度建设经费的百分比
		项目参与人数占教职工总人数的百分比
	项目的组织	项目进度跟踪调研次数
		组织校企教学交流活动次数
		组织项目研发的研讨活动次数
		培训企业员工次数
		教师赴企业实践与学习交流人数
企业	项目的参与	参与人才培养方案与教学模式改革的人数
		参与教学改革活动的次数
		参与课程教学的科目数
		参与科研项目数
	项目的投入	资助设备占总设备的百分比
		选派兼职教师人数
		培训高职院校教师数量
政府	项目的投入	出台政策性的规定
		项目财政优惠与减免税额度
	项目的监管	出台项目督查与监管制度

2. **结果性指标**

结果性指标主要指各主体的投入产出或回报及其效果检测，即各主体在产教融合中的投入所形成的成果及其产生的效益，所涉对象除政府、高职院校和企业外，还包括学生个体。

高职院校方面，产教融合的成果主要指校企共同研发人才培养方案中所设置的专业数、开发教材数、共建实习实训基地数、校企联合研发项目数、"双师型"教师与兼职教师增加的人数、实习学生增加的人数等。[①]

企业方面，成果主要包括产教融合给其新技术研发或开发与技术水平提升所带来的收益、高职院校在其新员工培训以及高素质合格员工培养等方面所做的贡献。

学生方面，则主要指学生的专业技能水平提升度、职业综合能力的增值度、就业对口率增长度等。

政府方面，则主要指产教融合给区域经济发展与生产总值的整体增长所带来的影响以及对提升毕业生就业率的贡献等。

具体见表13-2。

表13-2　高职院校产教融合绩效评价的结果性指标

评价内容	评价对象	具体指标
项目成果	高职院校	合作企业数
		校企共同制定人才培养方案专业数
		参与课程建设科目数
		共同开发教材科目数
		共同制定课程标准科目数
		共建实习实训基地数
		校企合作研发项目的立项数
	企业	新技术开发或研发数
		校企联合申报专利数
		合作培训新员工人数

---

① 周文清. 项目管理视角下高职产教融合绩效评价体系的建构 [J]. 机械职业教育，2021（3）：19-22.

续表

评价内容	评价对象	具体指标
项目效益	高职院校	"双师型"教师与兼职教师增长数
		参与企业实习学生增长数
	企业	新技术与新产品的收益占总收入的百分比
		市场份额的增长率
	学生	专业技能水平提升度
		综合职业能力的增值度
		就业对口率增长度
		技能竞赛获奖率增长度
	政府	毕业生就业率增长度
		产教融合对区域经济发展的贡献率
		产教融合对区域生产总值增长的贡献率

产教融合是政府实施现代职业教育人才培养模式改革与教学形态变革的重大举措，是提升人才培养质量与毕业生就业率、促进高职院校和合作企业共同发展的重要途径。运用项目管理理论，将高职院校产教融合作为一个独立项目来构建一个融过程与结果并重、各主体利益共存共融的绩效评价体系，能使产教融合的各项建设任务朝着既定目标发展，能确保各主体目标的实现，能有效提升产教融合的质量和效能。①

---

① 周文清. 项目管理视角下高职产教融合绩效评价体系的建构 [J]. 机械职业教育，2021 (3)：19-22.

参考文献

［1］谭国春. 高职院校实践教学渗透人文素质教育的思考［J］. 实验室研究与探索，2010，29（8）：352-354.

［2］马爱芳. 工学结合构建电气自动化技术专业实践教学体系的探讨［J］. 湖北水利水电职业技术学院学报，2010（6）：38-41.

［3］陈新耘. 基于工学结合模式的实践教学体系构建［J］. 职业技术教育，2008（35）：50-51.

［4］王成方. 对构建高职实践教学体系的思考［J］. 教育与职业，2006（17）：87.

［5］梁长垠，晏凯. 高职电子信息类专业实践教学体系的探索与改革［J］. 职业教育研究，2007（3）：41.

［6］杨姣. 浅析高职院校实训室的建设与管理［J］. 科学向导，2012（23）：177-178.

［7］曾向阳，吴猛. 高职院校校内实训室建设的思考与实践［J］. 实验室研究与探索，2011（12）：217-221.

［8］徐元俊，协同创新：提高地方高校社会服务能力［J］. 科学管理研究，2013（3）：30-33.

［9］冯红军，陈少鸿. 高职院校实训教师的培养［J］. 张家口职业技术学院学报，2009，22（3）：29-30.

［10］周艳乾，黄莉，陈春梅. 高职院校外聘教师管理的可持续发展研究［J］. 高教论坛，2014（1）：86-89.

［11］陈静. 高职院校兼职教师选聘存在的问题与对策［J］. 中国电力教育，2013（31）：

198-199.

［12］张泽奎. 高职院校实训室管理存在的问题及对策研究［J］. 新课程研究，2014（4）：
85-87.

［13］胡如祥. 高职院校二级管理体系的构建与实践［J］. 产业与科技论坛，2014（4）：
246-247.

［14］姚斌. 我国高职院校二级管理研究综述［J］. 北京农业职业学院学报，2015（3）：
86-90.

［15］张志东，刁洪斌. 高职学生校外顶岗实习网络化管理模式研究与实践［J］. 中国职业
技术教育，2010（8）：86-89.

［16］怀劲梅. 影响高职顶岗实习质量的原因与对策分析［J］. 湖北成人教育学院学报，
2014（3）：58-59.

［17］张黎. 高职学生顶岗实习过程管理研究——基于质量管理过程方法视角［J］. 闽西职
业技术学院学报，2013（4）：20-23.

［18］刘波. 提高高职顶岗实习质量的策略分析［J］. 长沙民政职业技术学院学报，2012
（1）：100-102.

［19］于兆吉，苏长海. 关于实践教学评价指标体系的研究——以管理类专业为例［J］. 现
代教育管理，2010（11）：80-82.

［20］周建军. 高职课程标准建设的内涵与逻辑起点［J］. 中国职业技术教育，2014（11）：
60-62.

［21］王莉华. 高等职业教育课程标准若干问题探讨［D］. 天津：天津大学，2004.

［22］刘晓欢，向丽. 高职课程标准基本问题探讨［J］. 中国高教研究，2009（4）：78-79.

［23］刘俊学. 服务性：高等教育质量的基本特性［J］. 江苏高教，2001（4）：40-42.

［24］高桂娟，吴璇. 全面质量管理思想对研究生教育质量管理的启示与借鉴［J］. 高等农
业教育2006（3）：73-75.

［25］曹海英. 高校教学质量监控长效机制的研究与实践［D］. 南宁：广西大学，
2008：41.

［26］萨丽·托马斯，彭文蓉. 运用"增值"评量指标评估学校表现［J］. 教育研究，2005

（9）：31-35.

［27］张丽娟. 增值评估：一种发展性的学校评估模式［J］. 天津电大学报，2006（4）：16-18.

［28］文燕. 论学生自我评价在高职英语教学中的启示［J］. 教育与职业，2011（12）：166-167.

［29］祝新宇. 现代教学质量观的重塑——从"以教/学为本"走向"以人为本"［J］. 教学科学研究，2009（10）：56-58.

［30］叶澜. 教育概论［M］. 北京：人民教育出版社，2000：194.

［31］张晋. 高职实践教学的内涵及其特征［J］. 继续教育研究，2009（08）：115-117.

［32］杨应崧. 诊改不是加给学校的"紧箍咒"［N］. 中国教育报，2016-07-05（5）.

［33］程书肖. 教育评价方法技术［M］. 北京：北京师范大学出版社，2003.

［34］戴培培，陈迪辉，薛荣荣. 项目化管理在高职院校学生工作中的实践与思考［J］. 教育管理，2011（12）：183-184.

［35］Dunn D D. Accountability, Democratic Theory, and Higher Education［J］. Educational Policy, 2003, 17（1）：65-113.

［36］邓志军，李艳兰. 论德国行业协会参与职业教育的途径与特点［J］. 中国职业技术教育，2010（19）：60-64.

［37］David Gray, Mark Morgan. Modern apprentices in college：something old, something new［J］. Journal of Vocational Education and Training, 1998, 50（2）：277-290.

［38］National Apprenticeship Service（NAS）. The basics：Levels［EB/OL］. http：//www. apprenticeships. org. uk/Be-An-Apprentice/The-Basics. aspx, 2011-03-10.

［39］王晓华. 澳大利亚职业教育制度设计及启示［J］. 清华大学教育研究，2011（1）：120-124.

［40］詹鑫. 德国双元制职业教育中企业参与培训的机制［J］. 职教通讯，1999，（11）：47-48.

［41］翟耀章. 联邦德国的职业培训条例——联邦德国考察随记之九［J］. 教育与职业，1988（2）：46-48.

［42］黄日强，黄勇明. 英国职业教育的立法及其特色［J］. 青海师专学报：教育科学版，2003（5）：96-98.

［43］邢莹莹. 澳大利亚现代学徒制改革研究［D］. 南昌：江西科技师范大学，2014.

［44］郑晓薇. 德国企业投资学校职业教育的成本收益分析及对我国的启示［D］. 天津：天津大学，2007：34.

［45］刘萍. 鼓励企业参与举办职业教育的税收优惠政策研究［D］. 重庆：西南大学，2011.

［46］郭新宝，姚仁杰，朝信传. 促进校企合作提高我国科技竞争力［M］. 北京：冶金工业出版社，2009：241.

［47］黄日强，邓志军. 英国企业参与职业教育初探［J］. 高等职业教育——天津职业大学学报，2004（2）：60-64.

［48］黄日强，胡淑坤，赵函. 政府拨款：澳大利亚职业教育经费的重要来源［J］. 职教通讯，2010（1）：51-54.

［49］代建军. 德国行业协会在职业教育和培训中的角色［J］. 南方职业教育学刊，2013（3）：58-61.

［50］Sung J. Vocational education and training and employer engagement：an industry-led sectoral system in the Netherlands［J］. International Journal of Training and Development，2010（01）：35-47.

［51］赵蒙成. 校企合作质量评价指标体系的构建［J］. 职教通讯，2016（4）：24-32.

［52］李红远. 高等职业教育实践教学体系的构建方法研究［J］. 教育教学论坛，2017（26）：35-36.

［53］张云，郭炳宇. 拥抱行业：跨入深度产教融合2.0时代［J］. 中国高等教育，2017（22）：46-48.

［54］赵恒伯，刘繁荣. 刍议高职院校校企合作项目绩效评价指标体系的构建［J］. 中国职业技术教育，2014（09）：41-43.